# Schulfächer Lernwortschatz
## für das Gymnasium
# DEUTSCH-ARABISCH
## für Deutsch als Fremdsprache

von Noor Nazrabi

Bibliografische Information der Deutschen Nationalbibliothek
Die Deutsche Nationalbibliothek verzeichnet diese Publikation in der
Deutschen Nationalbibliografie; detaillierte bibliografische Daten sind im
Internet über http://dnb.d-nb.de abrufbar.

Der Autor Noor Nazrabi ist unter: noor.nazrabi@interkulturaverlag.de
zu erreichen.

Afghanistik Verlag Produktinfos und Shop: interkulturaverlag.de
E-Mail: info@interkulturaverlag.de

Cover: Fotolia @ palau83

interkulturaverlag.de

المواد الدراسية، مفردات للتعلم ، للمدرسة المتوسطة والثانوية

Alle Rechte vorbehalten.

Das Werk, einschließlich aller seiner Teile, ist urheberrechtlich geschützt. Jede Verwertung ist ohne Zustimmung des Verlages und des Autors unzulässig. Dies gilt insbesondere für die elektronische oder sonstige Vervielfältigung, Übersetzung, Verbreitung und öffentliche Zugänglichmachung. Dies gilt auch für Intranets von Firmen, Schulen und sonstigen Bildungseinrichtungen.

| | |
|---|---|
| **Übersetzung Arabisch** | Mohamed Cabur |
| Satz | Intrakultur Consulting |
| **Grafische Umsetzung** | Intrakultur Consulting |
| **Redaktioneller Mitarbeit** | Beda Hakimzada, Sahar Nazrabi |
| ISBN | 978-3-946909-05-7 |

interkulturaverlag.de

# مقدّمة

إن مفردات اللغة الواردة في الكتب المدرسية، وقرارات ومناهج المدارس، ذات المفاهيم المنسقة تساعد جميع التلاميذ على استيعاب تلك المفاهيم الموضوعية في اللغتين العربية والألمانية. وإضافةً إلى تلك المفاهيم يتضمن الكتاب تعليمات عن الدراسة والعمل، بما فيها اختبارات للمواضيع ذات الصلة

إن هذه الأعمال المرجعية، التي تمتد حتى الصف التاسع، تسمح للتلاميذ الناطقين بالعربية بالبحث عن تعريفات ومصطلحات خاصة بسرعة، وكذلك بتعزيز وتعميق المفردات المتخصصة، بشكل منتظم وموضوع

إن هذه المفردات اللغوية هي مثالية بالنسبة للتلاميذ الذين لا يملكون سوى معلومات ضعيفة في اللغة الألمانية. وتأتي هذه المفردات مدعومة بصيغ وجمل نموذجية، وبهيكل واضح في الوحدات الموضوعية، وذلك وفقاً لسنوات الدراسة والمواد الدراسية. وباختصار نقول: إنها تبسط
عملية توسيع وإدراك المفردات المتخصصة.

نور نازرابي

# Vorwort

Der Schulfach-Lernwortschatz für das Gymnasium ist für SchülerInnen von der sechsten bis zur 13. Klasse. Das Buch umfasst ca. 5.000 Einträge mit den gängigsten Schulfachbegriffen und Arbeitsanweisungen.

**Ideal für den Ausbau und Erweiterung des Wortschatzes bis zum Abitur**

Das Nachschlagewerk ist untergliedert in Klassen, Schuljahr behandelnde Themen in 24 Schulfächern.

Hierzu zählen Unterrichtsthemen, jeweilige Fachbegrifflichkeiten aus Lehrplänen aus allen Bundesländern. Inhaltlich und thematisch enthält das Buch wichtige Begrifflichkeiten, ebenfalls sind alle wichtige Klassen-Arbeitsanweisungen, standardisierte Formulierungen für Aufgabenstellungen sowie prüfungswichtige Anweisungen.

**Selbstständig Schulvokabeln lernen**

Der Schulfach-Lernwortschatz für das Gymnasium ist speziell auf die Anforderungen der Schulform konzipiert. Es orientiert sich an das Vokabeln-Niveau der Gymnasien in Deutschland.

Das Buch ist nicht nur Ideal für die Erledigung von Hausarbeiten, Vorbereitung von Prüfungen, sondern auch zum schnellen Nachschlagen sowie für das gezielte Lernen von Vokabeln.

**Einsetzbar für den Schulalltäglichen Gebrauch**

Das Buch begleitet den Lerher durch alle Fächer und ermöglicht das gezielte lernen von Schulfachvokabeln.

Hamburg, Februar 2017

*Noor Nazrabi*

# Inhaltsverzeichnis
## الفهرس

### 1 Schule
### المدرسة

| | | | |
|---|---|---|---|
| 1.1 | Die Schulen | المدارس | 15 |
| 1.2 | Das Klassenzimmer | غرفة الصّف | 19 |
| 1.3 | Der Unterricht | الدّرس | 24 |
| 1.4 | Das Schulische Leben | الإجتهاد والسّلوك | 33 |

### 2 Biologie
### علم الأحياء

| | | | |
|---|---|---|---|
| 2.1 | 5. Klasse | الصف الخامس | 39 |
| 2.2 | 6. Klasse | الصف السادس | 40 |
| 2.3 | 7. Klasse | الصف السابع | 41 |
| 2.4 | 9. Klasse | الصف التاسع | 43 |
| 2.5 | Einführungsphasen in 10 | المستوى المتقدم | 45 |
| 2.6 | Oberstufe | | 46 |

### 3 Chemie
### الكيمياء

| | | | |
|---|---|---|---|
| 3.1 | 7. Klasse | الصف السابع | 49 |
| 3.2 | 8. Klasse | الصف الثامن | 51 |
| 3.3 | 9. Klasse | الصف التاسع | 53 |

## 4 Ethik
### علم الأخلاق

| | | | |
|---|---|---|---|
| 4.1 | 5. Klasse | الصف الخامس | 57 |
| 4.2 | 6. Klasse | الصف السادس | 60 |
| 4.3 | 7. Klasse | الصف السابع | 62 |
| 4.4 | 8. Klasse | الصف الثامن | 63 |
| 4.5 | 9. Klasse | الصف التاسع | 64 |
| 4.6 | Einführungsphase | المستوى المتقدم | 65 |
| 4.7 | Qualifikationsphase | | 66 |

## 5 Erkunde
### علم الأخلاق

| | | | |
|---|---|---|---|
| 5.1 | 5. Klasse | الصف الخامس | 68 |
| 5.2 | 6. Klasse | الصف السادس | 70 |
| 5.3 | 8. Klasse | الصف الثامن | 71 |
| 5.4 | Einführungsphase | المستوى المتقدم | 72 |
| 5.5 | Qualifikationsphase | | 73 |

## 6 Geschichte
### التَاريخ

| | | | |
|---|---|---|---|
| 6.1 | Geschichte | التاريخ و الأحداث التاريخية | 75 |
| 6.2 | Historisches Zeitalter | العصور التاريخيّة | 76 |
| 6.3 | 6. Klasse | الصف السادس | 78 |
| 6.4 | 7. Klasse | الصف السابع | 80 |
| 6.5 | 8. Klasse | الصف الثامن | 82 |
| 6.6 | 9. Klasse | الصف التاسع | 84 |
| 6.7 | Einführungsphase | المستوى المتقدم | 88 |
| 6.8 | Qualifikationsphase | | 89 |

# 7 Kunst
فن

| | | | |
|---|---|---|---|
| 7.1 | Kunst | فن | 93 |
| 7.2 | Farbe | لون | 94 |
| 7.3 | 5. Klasse | الصف الخامس | 95 |
| 7.4 | 7. Klasse | الصف السابع | 96 |
| 7.5 | 9. Klasse | الصف التاسع | 97 |

# 8 Mathematik
رياضيات

| | | | |
|---|---|---|---|
| 8.1 | Länge, Umfang und Größe | الطول،المحيط والحجم | 101 |
| 8.2 | Kardinalzahlen | الأعداد الأصلية | 102 |
| 8.3 | Ordinalzahlen | عدد أصلي | 103 |
| 8.4 | Form, die | شكل،هيكل،نموذج | 104 |
| 8.5 | 5. Klasse | الصف الخامس | 105 |
| 8.6 | 6. Klasse | الصف السادس | 107 |
| 8.7 | 7. Klasse | الصف السابع | 110 |
| 8.8 | 8. Klasse | الصف الثامن | 111 |
| 8.9 | 9. Klasse | الصف التاسع | 111 |
| 8.10 | Oberstufe | المستوى المتقدم | 112 |
| 8.11 | Einführungsphase | المستوى المتقدم | 112 |
| 8.12 | Qualifikationsphase | | 113 |

## 9 Presse und Kommunikation
وسائل الإعلام

| | | | |
|---|---|---|---|
| 9.1 | Das Fernsehen | التلفيزيون | 117 |
| 9.2 | Die Zeitung | جريدة | 119 |
| 9.3 | Die Presse | الصحافة | 121 |
| 9.4 | Die Post | البريد | 126 |
| 9.5 | Das Buch | كتاب | 128 |
| 9.6 | Der Rundfunk | راديو، إذاعة | 130 |
| 9.7 | Soziale Netzwerke | شبكة التواصل الإجتماعي | 115 |
| 9.8 | Das Telefon | الهاتف | 133 |

## 10 Musik und Gesang
الإذاعة، الغناء، الموسيقا

| | | | |
|---|---|---|---|
| 10.1 | Musik | الموسيقى | 135 |
| 10.2 | Gesang | الغناء | 142 |
| 10.3 | 5. Klasse | الصف الخامس | 144 |
| 10.4 | 6. Klasse | الصف السادس | 145 |
| 10.5 | 7. Klasse | الصف السابع | 145 |
| 10.6 | 9. Klasse | الصف التاسع | 146 |

## 11 Theater und Kino
المسرح والسّينما

| | | | |
|---|---|---|---|
| 11.1 | Das Theater | المسرح | 149 |
| 11.2 | Das Theaterstück | المسرحيّة | 150 |
| 11.3 | Die Aufführung | العرض، التمثيل | 151 |
| 11.4 | Das Kino | السّينما | 152 |

## 12 Physik
الفيزياء

| | | | |
|---|---|---|---|
| 12.1 | Naturwissenschaften | العلوم الطَّبيعيّة | 160 |
| 12.2 | 6. Klasse | الصف السادس | 162 |
| 12.3 | 7. Klasse | الصف السابع | 163 |
| 12.4 | 8. KLasse | الصف الثامن | 164 |
| 12.5 | 9. Klasse | الصف التاسع | 165 |
| 12.6 | Einführungsphase | المستوى المتقدم | 165 |
| 12.7 | Qualifikationsphase | | 166 |

## 13 Religion
ديانة

| | | | |
|---|---|---|---|
| 13.1 | Die verschiedenen Religionen | الديانات المختلفة | 169 |
| 13.2 | Die Glaubenslehre | العقيدة | 170 |
| 13.3 | Die Geistlichkeit und die Orden | رجال الدين والكهنوت | 173 |
| 13.4 | Der Kult | تعبّد،عبادة | 175 |

## 14 Sozialkunde
دراسات اجتماعية

| | | | |
|---|---|---|---|
| 14.1 | Die Heimat | مكان الولادة،الوطن | 181 |
| 14.2 | Die Regierungsform | شكل الحكومة | 182 |
| 14.3 | Die Verfassung | الدستور | 185 |
| 14.4 | Internationale Beziehungen | العلاقات الدوليّة | 187 |
| 14.5 | Wahlen | الأسماء | 189 |
| 14.6 | Frieden | السلام | 189 |
| 14.7 | Terrorismus | الإرهاب | 190 |
| 14.8 | 7. Klasse | الصف السابع | 192 |
| 14.9 | 8. Klasse | الصف الثامن | 193 |
| 14.10 | 9. Klasse | الصف التاسع | 194 |
| 14.11 | Einführungsphase | المستوى المتقدم | 195 |
| 14.12 | Qualifikationsphase | | 196 |

## 15 Sport
### الرّياضة

| | | | |
|---|---|---|---|
| 15.1 | Der Sport | الرّياضة | 199 |
| 15.2 | Die Jugendbewegung, der Bergsport | تسلّق الجبال،الكشافة | 200 |
| 15.3 | Der Fußball und das Tennis | كرة القدم وكرة المضرب | 201 |
| 15.4 | Die olympischen Spiele, die Winterspiele | الألعاب الشتويّة،الألعاب الأوليمبيّة | 202 |
| 15.5 | Der Autosport und der Luftsport | رياضة السيارات والطيران | 204 |
| 15.6 | Sportliche Wendungen | المصطلحات | 207 |
| 15.7 | 5./6. Klasse | الصفالخامسوالسادس | 214 |
| 15.8 | 7./8. Klasse | الصفالسابعوالثامن | 216 |

## 16 Literatur und Wissenschaft
### الأدب والعلوم

| | | | |
|---|---|---|---|
| 16.1 | Die Sprachlehre | قواعد اللّغة | 219 |
| 16.2 | 5. Klasse | الصف الخامس | 222 |
| 16.3 | 6. Klasse | الصف السادس | 224 |
| 16.4 | 7. Klasse | الصف السابع | 225 |
| 16.5 | 8. Klasse | الصف الثامن | 226 |
| 16.6 | 9. Klasse | الصف التاسع | 227 |
| 16.7 | Deutsch GK | اللغة الألمانية – دورة المبتدئين | 228 |
| 16.8 | Oberstufe | المستوى المتقدم | 230 |

## 17 Elektronische Datenvereinarbeitung
### علم الكومبيوتر / المعلوماتية

| | | | |
|---|---|---|---|
| 17 | Elektronisch Datenvereinarbeitung | علم الكومبيوتر | 234 |

# Deutsches Alphabet und die Aussprache

الحروف الالمانية والنطق الالماني

| الترجمة | النطق | المصطلحات | النطق | | |
|---|---|---|---|---|---|
| القرد | دِر أَفْه | Affe, der | ا | a | A | 1 |
| الخباز | دِر باكِر | Bäcker, der | بى | b | B | 2 |
| كاري | دِر كويري | Curry, der | ثى | c | C | 3 |
| فلفل أحمر حار | دِر تشيلي | Chili, der | ش | | ch | |
| الأريكة | دي كاوتش | Couch, die | ك | | c | |
| العلية (غرفة السقف) | دِر داخ بودن | Dachboden, der | | | ach | |
| طاولة القهوة | دِر كاوتش تِشْ | Couchtisch, der | | | ich | |
| تمر | دي داتِل | Dattel, die | دى | d | D | 4 |
| البيضة | داس أيْ | Ei, das | ى | e | E | 5 |
| تين | دي فايغِه | Feige, die | ايف | f | F | 6 |
| الوزة | دي غانس | Gans, die | كى | g | G | 7 |
| خيار | دي غوركِه | Gurke, die | ها | hi | H | 8 |
| زنجبيل | دِر إنْغْفيْر | Ingwer, der | اى | i | I | 9 |
| السنة | داس يار | Jahr, das | يوت | j | J | 10 |
| الكيلوغرام | داس كيلو غرام | Kilogramm, das | كا | k | K | 11 |
| أحمر الشفاه | دِر لِبّن شتِفت | Lippenstift, der | ايل | l | L | 12 |
| مانجو | دي مانغو | Mango, die | ايم | m | M | 13 |
| الرسالة | دي ناخريشت | Nachricht, die | اين | n | N | 14 |
| فاكهة | داس أوبست | Obst, das | و | o | O | 15 |
| فطر | دِر بيلتس | Pilz, der | بى | o | P | 16 |

# Deutsches Alphabet und die Aussprache

الحروف الالمانية والنطق الالماني

| الترجمة | النطق | المصطلحات | النطق | | |
|---|---|---|---|---|---|
| المصدر | دي كفالةٌ | Quelle, die | قو | q | Q | 17 |
| جواز السفر | دِر رايْزهْ باس | Reisepass, der | اِر يا اِغ | r | R | 18 |
| الملح | داس زالتس | Salz, das | اير | s | S | 19 |
| اليوم | دِر تاغ | Tag, der | ايس | t | T | 20 |
| الساعة | دي أور | Uhr, die | ايس | u | U | 21 |
| التأشيرة | داس فيزوم | Visum, das | او | v | V | 22 |
| الموجة | دي فالةٌ | Welle, die | فاو | w | W | 23 |
| مرات عديدة | | x-mal | في | x | X | 24 |
| يخت | يخت | Yacht, das | ا يكس | y | Y | 25 |
| القطار | دِر تسوغ | Zug, der | ايبسيلون | z | Z | 26 |
| الحجم (المحيط) | دي غروسهْ (أومفانغ) | Größe (Umfang), die | تسيت | | ß | 27 |

# Schule
المدرسة

| | | |
|---|---|---|
| 1.1 | Die Schulen | المدارس |
| 1.2 | Das Klassenzimmer | غرفة الصّف |
| 1.3 | Der Unterricht | الدّرس |
| 1.4 | Das Schulische Leben | الإجتهاد والسّلوك |

# 1.1 Schule
## المدارس

| Nomen |
|---|
| الأسماء |

| | |
|---|---|
| die Schule,-n | مدرسة |
| die Volksschule,-n | مدرسة ابتدائية |
| die Einheitsschule,-n | مدرسة موحدة |
| die Knabenschule,-n | مدرسة ذكور |
| die Mädchenschule,-n | مدرسة إناث |
| die Mittelschule,-n | مدرسة متوسطة |
| das Gymnasium,-ein | مدرسة ثانوية |
| die Anstalt,-en | منشأة (مدرسة) |
| das Lyzeum,-zeen | مدرسة إناث ثانوية |
| das Pensionat,-e | مدرسة داخلية |
| die Privatschule,-n | مدرسة خاصة |
| die Handelsschule,-n | مدرسة تجارية |
| die Berufsschule,-n | مدرسة مهنية |
| der Lehrer,- | مدرس، معلم |
| die Lehrerin,-nen | مدرسة، معلمة |
| der Studienrat,-¨e | مدرس مدرسة ثانوية |
| der Deutschlehrer | مدرس الألمانية |
| der Gesanglehrer | مدرس الأناشيد |
| der Direktor,-en | مدير |
| die Leitung,-en | الإدارة |
| der Turnlehrer | مدرس الجمباز |
| die Aufsicht | مناظرة، مراقبة |
| der Aufsichtslehrer | ناظر، مناظر |

## 1.1 Schule      المدارس

| | |
|---|---|
| die Probezeit,-en | فترة تدريب |
| der Hauslehrer | مدرس خصوصي |
| die Erzieherin | مربية، مدبرة منزل |
| die Schülerin,-nen | تلميذة |
| der Schüler,- | تلميذ |
| die Fachschule,-n | مدرسة فنية |
| die Freiluftschule | مدرسة في الهواء الطلق |
| das Internat,-e | مدرسة داخلية |
| die Turnhalle,-n | قاعة الجمباز |
| der Hof,-¨e | باحة، ساحة |
| das Sprechzimmer,- | قاعة الإستقبال |
| der Speisesaal,-säle | قاعة الطعام |
| der Schlafsaal,-säle | مهجع |
| der Arbeitssal | قاعة المطالعة |
| der Krankensaal | مستوصف، غرفة تمريض |
| die Schulpflicht | التعليم الإجباري |
| der Analphabet,-en | جاهل، أمي |
| die Fortbildungsschule | مدرسة تكميلية |
| der Klassenlehrer,- | مدرس الفصل |
| der Hilfslehrer | معلم مساعد |
| der Sekretär,-e | أمين السر |
| der Sprachenlehrer | مدرس لغات |
| der Mitschüler,- | زميل الدراسة |

### Adjektive
### الصّفات

| | |
|---|---|
| öffentlich | عام |
| gemeinsam | مشترك، شائع، عمومي |
| konfessionell | مذهبي، طائفي |

# Schule | المدارس | 1.1

| | |
|---|---|
| unentgeltlich | مجاناً |

## Verben
### الأفعال

| | |
|---|---|
| ausfallen | ألغي |
| fortnehmen von | أخرج |
| organisieren | نظم، رتب |
| unterbringen | أسكن، ألحق بـ آوى |
| verwalten | أدار، دبر، قام |

## Wendungen
### المصطلحات

in die Schule gehen
تعلم في مدرسة، زار مدرسة

zur Schule gehen
تعلم في مدرسة، زار مدرسة

die Schule schwänzen
تغيب عن المدرسة

ins Gymnasium aufnehmen
دخل مدرسة ثانوية

das deutsche Schulwesen
التعليم في ألمانيا

## 1.2 Schule — المدارس

das Volksschulwesen
التعليم الإبتدائي

das höhere Schulwesen
التعليم الإعدادي

|  |  |  |
|---|---|---|
| Schulpflicht, die | شُولفلِشت،دي | التعليم الإلزامي |
| Bildung, die | بِلدُنْگ،دي | التعليم |
| Berufsausbildung, die | بَرُوفسأُوسبِلدُنگ | التدريب المهني |
| öffentliche Schule, die | أُفَنتلِش شُولَ | مدرسة عامة |
| Privatschule, die | بروَاتشُولَ | مدرسة خاصة |
| ausbilden | أُوسبِلدَن | درب |
| erziehen | أَرسيهَن | ربى، ثقف |
| Didaktik, die | دِدَكتِك | فن التعليم |
| Bildungspolitik, die | بِلدُنگسبُلِتيك | سياسة التعليم |
| praktisch adj. | برَكتِش | عملي |
| Selbstdisziplin, die | سَلبستدِسّبِلين | انضباط ذاتي |
| Eignung, die | أَيْگنُنگ | ملاءمة، لياقة |
| Disziplin, die | دِسّبِلين | انضباط |
| Bildungsministerium, das | بِلدُنگسمِنِستارِئُم | وزارة التربية والتعليم |
| Konzept, das | كُنسَبت | مفهوم، فكرة |
| Thema, das | تيمَ | موضوع |
| Studiengebühren, die | شتُّودِنّگبُورن | رسوم الدراسة |
| religiöse Schule, die | رِلِگيوز شُولَ | مدرسة دينية |
| Akademie, die | أَكَدَميْ | كلية |
| Grad, der | گرَاد | درجة |
| Dienstgrad, der | دِينستگرَاد | مرتبة، درجة |
| Niveau, das | نِوُو | مستوى |
| Kulturministerium, das | كُلتُورمِنِستارِئُم | وزارة الثقافة |

# 1.2 Klassenzimmer
## غرفة الصّف

| Nomen الأسماء | |
|---|---|
| das Klassenzimmer,- | قاعة الدرس، الصف |
| das Schulzimmer,- | قاعة الدرس، الصف |
| der Tisch,-e | طاولة |
| die Bank,-¨e | مقعد |
| das Katheder,- | منبر |
| das Pult,-e | منصّة، مكتب |
| das Podium,-dien | منصة |
| der Stuhl,¨-e | كرسيّ، |
| der Schrank,-¨e | خزانة |
| die Tafel,-n | سبورة، لوح |
| der Schwamm,-¨e | إسفنج، ممسحة |
| der Ranzen,- | حقيبة المدرسة |
| die Mappe,-n | محفظة |
| das Buch,-¨er | كتاب |
| das Heft,-e | دفتر |
| das Blatt,-¨er | ورقة، قرطاس |
| die Pappe,-n | ورق مقوى، كرتون |
| die Unterlage,-n | مسند، قاعدة |
| der Deckel,- | غلاف كتاب |
| die Feder,-n | ريشة |
| der Federhalter | يد الريشة |
| der Füller,- | قلم حبر |
| der Zirkel,- | بيكار، فرجار |

## 1.2 Schule — المدارس

| | |
|---|---|
| der Platz,-̈e | مكان، موضع |
| der Wischlappen,- | ممسحة |
| das Stück,-e | قطعة |
| das Stück Kreide | قطعة طباشير |
| die Kreide,-n | طباشير |
| der Stock,-̈e | عصى، قضيب |
| das Bild,-er | صورة |
| die Landkarte,-n | خارطة |
| der Globus,-ben | الكرة الأرضيّة |
| der Hacken,- | كلّاب، مسمار |
| der Kleiderhacken,- | مشجب، شماعة |
| der Bleistift,-e | قلم رصاص |
| der Rotstift,-e | قلم أحمر |
| die Tinte | حبر |
| das Faß,-̈er | محبرة |

### Adjektive — الصّفات

| | |
|---|---|
| lang | طويل |
| breit | عريض |
| dick | سميك، ثخين |
| hoch | عالٍ، مرتفع |
| groß | كبير |
| gerade | مستقيم |
| rund | دائري |
| spitz | حاد، مدبب |
| hart | قاسٍ، صلب |
| schwer | ثقيل، صعب |
| schwierig | معقّد |

# Schule | المدارس 1.2

| männlich | مذكّر |
|---|---|
| kurz | قصير |
| eng, schmal | ضيق |
| dünn | رقيق، رفيع |
| niedrig | منخفض |

## Verben
### الأفعال

| abstellen (Heizung) | أغلق، قفل التدفئة |
|---|---|
| aufmachen | فتح |
| bedürfen | احتاج |
| brauchen | احتاج |
| dürfen | سمح، أذن |
| eintreten | دخل إلى، دخل في |
| fehlen | نقص، غاب |
| hängen | علق على، وضع فوق |
| legen | وضع، أوضع، أرقد |
| lüften | هوّى، جدد الهواء |
| mitbringen | جلب معه |
| setzen | وضع، أجلس |
| sich bedienen | استعان، استخدم، أخذ |
| stecken | أدخل، دسّ |
| stellen | وضع، أجلس، نصب |
| vergessen | نسي |
| zumachen | أغلق |

## 1.2 Schule — المدارس

| Wendungen المصطلحات | |
|---|---|
| oben | فوق |
| unten | تحت |
| vorn | أمام |
| hinten | وراء، خلف |
| rechts | على اليمين |
| links | على اليسار |
| in der Mitte | في الوسط |
| in der Ecke | في الزاوية |

**an die Tafel gehen**
ذهب إلى السبورة

**die Kreide nehmen**
أخذ الطبشورة

**die Kreide weglegen**
وضع الطبشورة جانباً

**die Tafel abwischen**
مسح السبورة

**an seinen Platz zurückgehen**
عاد إلى مكانه، إلى مقعده

# Schule | المدارس | 1.2

**sich auf die Bank setzen**
جلس على المقعد

an die Tafel schreiben
كتب على السبورة

# 1.3 Unterricht
## الدّرس

| Nomen | |
|---|---|
| الأسماء | |
| das Lesen | قراءة |
| das Alphabet | حروف الأبجدية |
| der Buchstabe,-n | حرف |
| der Laut,-e | صوت، لفظ |
| der Selbstlaut | حرف صوتي |
| der Vokal,-e | حرف صوتي |
| der Mitlaut | حرف متحرك |
| der Konsonant,-en | حرف متحرك |
| der Umlaut | تغير الصوت |
| die Silbe,-n | مقطع |
| die Aussprache,-n | لفظ |
| das Schreiben | كتابة، تدوين |
| die Schrifft,-en | خط، كتابة |
| das Gekritzel | خربشة |
| der Rand,-¨er | حافة، هامش |
| der Fleck,-e | بقعة |
| die Hausaufgabe,-n | واجب منزلي |
| die Hausarbeit,-en | واجب منزلي |
| die Übung,-en | تمرين |
| der Aufsatz,-¨e | موضوع إنشاء |
| die Übersetzung,-en | ترجمة |
| die Zergliederung,-en | تحليل، شرح |
| die Inhaltsangabe,-n | ملخّص، تحليل |

# Schule | الدّرس | 1.3

| | |
|---|---|
| das Konzept,-e | مسودّة |
| das Reine,-n | مبيضّة |
| der Sinn,-e | معنى، مفهوم |
| die Bedeutung,-en | معنى |
| der Ausdruck,-̈e | تعبير |
| die Regel,-n | قاعدة |
| die Sprache,-n | لغة |
| die Ausnahme,-n | مستثنى، شاذ |
| die Muttersprache | لغة الأم |
| die Umgangsprache | لغة عامية |
| der Unterricht | درس، حصة، تعليم |
| der Stundenplan | برنامج الدروس |
| der Lehrplan | منهاج، برنامج تعليم |
| das Fach,-̈er | فرع، اختصاص |
| das Wissen | معرفة |
| die Betonung | شكل الحرف، التشديد |
| der Ton,-̈e | نبرة، تشديد |
| das Wort,-̈er | كلمة |
| das Wort,-e | عبارة |
| der Satz,-̈e | جملة |
| die Zeile,-n | سطر |
| der Absatz,-̈e | أول السطر، بداية السطر |
| der Paragraph,-en | فقرة، مقطع |
| die Seite,-n | صفحة |
| das Lesebuch,-̈er | كتاب قراءة |
| das Diktat,-e | إملاء |
| die Rechtschreibung | ضبط الكتابة |
| der Fehler,- | خطأ |
| der Schreibfehler,- | خطأ كتابي |
| die Zeichensetzung | وضع علامات الترقيم |

## 1.3 Schule — الدّرس

| | |
|---|---|
| das Thema,-men | موضوع |
| die Überschrift | عنوان |
| der Text,-e | نص |
| die Frage,-n | سؤال |
| die Antwort,-en | جواب |
| die Erklärung,-en | توضيح، شرح |
| die Erläuterung,-en | توضيح |
| die Gliederung | تقسيم، تصميم |
| die Verbesserung,-en | تصحيح |
| die Literatur | أدب |
| das Zeichen,- | علامة، إشارة |
| das Turnen | رياضة بدنية |
| der Gesang | غناء، ترتيل |
| die Musik | موسيقى |

### Adjektive
### الصّفات

| | |
|---|---|
| laut | بصوت عال |
| leise | بصوت منخفض |
| deutlich | واضح، جلي |
| betont | منبور، مشدد |
| unbetont | غير منبور |
| einsilbig | ذو مقطع واحد |
| zweisilbig | ذو مقطعين |
| leserlich | مقروء، يُقرأ |
| unleserlich | لا يُقرأ |
| richtig | صحيح، سديد |
| mündlich | شفهي |
| schriftlich | تحريري |

# Schule | الدّرس 1.3

| | |
|---|---|
| ausgezeichnet | ممتاز |
| falsch | خطأ، غلط |
| gut | جيد |
| gründlich | عميق، شامل، بعناية |
| oberflächlich | سطحي |
| wahlfrei | اختياري |
| verbindlich | إلزامي |
| gelehrt | عالم، علمي |
| gebildet | مثقف |
| unwissend | جاهل, غير مثقف |

## Verben
### الأفعال

| | |
|---|---|
| antworten | جاوب، أجاب |
| aufgeben | ترك، كف عن، انقطع |
| beantworten | أجاب على |
| diktieren | أملى، لقن |
| erklären | شرح، عقب على |
| erziehen | ربى، هذب |
| fragen | سأل ، استفهم عن |
| hersagen | أنشد |
| kurz zusammenfassen | لخص |
| lehren | علم، درس |
| lesen | قرأ |
| sprechen | تكلم |
| übersetzen | ترجم |
| unterrichten | علم، أطلع |
| vorsagen | لقن |
| weiter lesen | تابع القراءة |

## 1.3 Schule     الدّرس

zeichnen     رسم
zeigen     أبرز، أشار، أرى
zergliedern     فك، حلل

### Wendungen
### المصطلحات

Unterricht haben
عنده درس، عنده حصة

unterrichten, Unterricht erteilen
درس، أعطى درساً

Geschichte lehren
درس تاريخ

Stunden geben
درس له، أعطى الدروس

Stunden nehmen
أخذ درساً، تعلم

an den Hof gehen
خرج إلى الباحة

ein Diktat schreiben
كتب إملاء

# Schule الدَّرس 1.3

schön schreiben
كتب بشكل جيد

gefälligst oder bitte
من فضلك، من بعد إذنك

in Klammern
بين قوسين

liniertes Papier
ورق مسطر

ins Reine schreiben
بيض

die schriftliche Aufgabe abgeben
سلم الواجب المنزلي

sie einsammeln
جمعها

die Aufgaben zurückgeben
أعاد الواجب المنزلي

aus der Mappe nehmen
أخرج من المحفظة

aus einem Buch lernen
تعلم من كتاب

## 1.3 Schule     الدّرس

in einem Buch lesen
قرأ في كتاب

mit dem Nachbarn einsehen
تابع مع جاره

auswendig lernen
تعلم عن ظهر قلب

Deutsch lernen
تعلم الألمانية

Deutsch können
عرف الألمانية

deutlich aussprechen
لفظ بوضوح

moderne Sprachen
لغات حديثة

eine lebendige Sprache
لغة حية

sich im Sprechen üben
تدرب على التكلم

richtig betonen
شدد بشكل صحيح

# Schule  الدَّرس | 1.3

aus dem Deutschen ins Arabische übersetzen
ترجم من الألمانية إلى العربية

vom Blatt übersetzen
ترجم من الورقة

eine Frage stellen
سأل

eine Ausnahme bilden
استثنى

eine Ausnahme von der Regel
استثنى من القاعدة

die Ausnahme bestätigt die Regel
لكل قاعدة شواذ

sich im Deutschen vervollkommnen
حسن معرفته بالألمانية

vom Turnen befreit
أعفي من الجمباز

auf der Universität sein
طالب جامعة

Professor an der Universität Damaskus
أستاذ في جامعة دمشق

## 1.3 Schule     الدّرس

an der Universität studieren
درس في الجامعة

Gelegenheit haben zu
لديه الفرصة

bei jeder Gelegenheit
في أية مناسبة

bei dieser Gelegenheit
بهذه المناسبة

# 1.4 Fleiß und Ordnung
## الإجتهاد والسّلوك

| Nomen | |
|---|---|
| الأسماء | |
| der Fleiß | الإجتهاد |
| die Arbeit,-en | العمل |
| die Aufmerksamkeit | انتباه، اهتمام |
| der Eifer | اجتهاد، دأب |
| der Wetteifer | تسابق، روح المنافسة |
| die Zucht | تربية، نظام |
| das Betragen | سلوك، تصرف |
| die Haltung | وقفة، موقف، سلوك |
| die Ordnung | نظام، ترتيب |
| die Unordnung | فوضى، اضطراب |
| die Pünktlichkeit | دقة |
| der Gehorsam | انقياد، طاعة |
| die Belohnung,-en | مكافأة |
| das Lob (e Lobsprüche) | مدح، إطراء |
| der Preis,-e | ثمن، جائزة |
| der Preisträger,- | حائز على جائزة |
| der Faulenzer,- | كسول |
| die Zerstreutheit | شرود البال |
| die Lücke,-n | ثغرة، فضاء |
| der Ungehorsam | عاص، غير مطيع |
| der Ernst | رزانة، جدية |
| der Leichtsinn | طيش، تهور |
| die Ruhe | سكون، هدوء |

## 1.4 Schule — الدّرس

| | |
|---|---|
| die Stille | سكوت، هدوء، سكينة |
| das Geschwätz | هراء، هذيان |
| die Vergesslichkeit | نسيان، سهو |
| die Versetzung,-en | الانتقال إلى صف |
| die Strafe,-n | عقوبة، جزاء |
| die Strafarbeit | عقاب |
| das Verbot,-e | حذر، منع، تحريم |
| die Drohung,-en | تهديد |
| die Warnung,-en | تحذير، إنذار |
| der Verweis,-e | عتاب، تأنيب |
| der Tadel | لوم، ملام، عتاب |
| die Strenge | عنف، صرامة، قوة |
| das Nachsitzen | عوقب بالبقاء |

### Adjektive — الصّفات

| | |
|---|---|
| fleißig | مجتهد |
| arbeitsam | مجتهد، نشيط |
| faul | كسول |
| träge | خمول |
| ordentlich | مرتب، منظم |
| unordentlich | مهمل |
| gehorsam | مطيع |
| ungehorsam | غير مطيع |
| ernst, ernsthaft | جاد، صارم |
| leichtsinnig | طائش، متهور |
| ruhig | هادئ، رزين |
| lobenswert | جدير بالإطراء |
| löblich | مستحسن، محمود |

# Schule | الدَرس 1.4

| | |
|---|---|
| tadelnswert | يستحق اللوم، ذميم |
| geduldig | صبور |
| pünktlich | دقيق في المواعيد |
| aufmerksam | منتبه، منصت |
| zerstreut | مشتت الفكر، شارد |
| eifrig | مجتهد |
| nachlässig | مهمل |
| unruhig | قلق، كثير الحركة |
| still | هادئ، وديع |
| geschwätzig | ثرثار، كثير الكلام |
| eigensinnig | عنيد، متشبث برأيه |

## Verben
### الأفعال

| | |
|---|---|
| achtgeben auf | انتبه إلى، راعى |
| arbeiten | عمل، اشتغل |
| aufpassen auf | انتبه إلى |
| belohnen | كافأ على، أجزى |
| entmutigen | أفقد شجاعته |
| erlauben | سمح، أذن |
| ermutigen | شجع على، جرأ على |
| Fortschritte machen | تقدم |
| hören | سمع |
| lärmen | صخب، عج |
| loben | مدح، أطرى على |
| nachholen | عوض عن، استدرك |
| nachlassen | تراخى، خمد |
| plaudern | تحادث، تسامر |
| schwatzen | ثرثر |

## 1.4 Schule — الدّرس

| | |
|---|---|
| schweigen | سكت |
| sich aufführen | تصرف، عامل |
| sich befleißigen | اجتهد، جد |
| sich bemühen | سعى إلى، جد |
| sich bessern | تحسن |
| sich betragen | تصرف، عامل |
| sich überarbeiten | أجهد نفسه |
| stören | أزعج، ضايق، أقلق |
| übertreffen | فضل على، فاق نشاطاً |
| verdienen | اسحق |
| vernachlässigen | أهمل |
| wetteifern mit | تنافس، تسابق |
| zu spät kommen | تأخر، وصل متأخراً |

### Wendungen — المصطلحات

tüchtig im Deutschen sein
هو بارع في الألمانية

eine gute Zensur bekommen
حصل على علامات جيدة

ein gutes Zeugnis haben
لديه شهادة جيدة

das Versäumte nachholen
عوض عما فاته

# Schule

الدّرس | 1.4

die Lücken ausfüllen
سدّ الفراغ

**eine Strafe erlassen**
عاقب، غرم، أجزى

eine Stunde nachsitzen
عوقب بالبقاء ساعة

# Biologie
## علمالأحياء

| | | |
|---|---|---|
| 2.1 | 5. Klasse | الصف الخامس |
| 2.2 | 6. Klasse | الصف السادس |
| 2.3 | 7. Klasse | الصف السابع |
| 2.4 | 9. Klasse | الصف التاسع |
| 2.5 | Einführungsphasen in 10. | |
| 2.6 | Oberstufe | المستوى المتقدم |

# 2.1 Biologie
## علم الأحياء
### 5. Klasse الصف الخامس

| | |
|---|---|
| Grundlagen der Naturwissenschaft, die | المبادئ الأساسية للعلوم الطبيعية |
| Sachkunde | خبرة، براعة، مهارة |
| Lebewesen, das | المخلوق |
| Pflanzen, die | النباتات |
| Tiere, die | الحيوانات |
| Pilze, die | الفطريات |
| Beobachtungen am Hund, die | ملاحظات على الكلب |
| Abgrenzung verschiedener Verhaltensweisen, die | بتعيين حدود سلوكيات مختلفة |
| Mimik, die | تعابير الوجه |
| Gestik, die | إيماءة، حركة أثناء الكلام |
| Skelett, das | هيكل عظمي |
| Haltung, die | موقف، تصرف، سلوك |
| Pflege von Tieren, die | رعاية الحيوانات |
| Muskeln, die | عضلات |
| Organsystem, das | نظام الجهاز |
| Nahrung, die | طعام |
| Verdauungsorgane, die | الجهاز الهضمي |
| Art der Nahrung, die | نوع الغذاء |
| Gebiss, das | الأسنان |
| Symbiose, die | تكافل |
| Körperhaltung, die | وضع، موقف، وقفة |
| Elemente, die | عناصر |
| Stoffe, die | مواد |

## 2.1 Biologie — علم الأحياء

|  |  |
|---|---|
| Atemluft, die | تنفس، ريح الفم |
| Blutkreis, der | دم |
| Atmung, die | تنفس |
| Lunge, die | رئة |
| Funktion, die | وظيفة، مهمة |
| Pulsfrequenz, die | معدل النبض، تردد النبض |
| Kreislauf, der | دورة دموية، دوران الدم |

## 2.2 — 6. Klasse — الصف السادس

|  |  |
|---|---|
| Sexualität, die | جنسية، النشاط الجنسي |
| Geschlechtsmerkmale, die | الصفات الجنسية، الميزات الجنسية |
| Zeugung, die | إنجاب، تناسل |
| Entwicklung, die | تنمية، تطور |
| Pubertät, die | سن البلوغ |
| Fmpfängnis, die | حمل، حبل |
| Schwangerschaft, die | فترة الحمل |
| Missbrauch, der | إساءة، اغتصاب، استغلال، ظلم |
| Evolution, die | تطور، تحول، نموّ |
| Lebensraum, der | سكن، موطن |
| Angepasstheit, die | ملاءمة، تكيّف، تطابق |
| Lichtbauweise, die | بناء خفيف |
| Vogelkörper, der | هيئة الطيور |
| Feder, die | ريشة |
| Lungenatmung, die | تنفس رئوي |
| Kiemen, die | خياشيم |
| Schwimmblase, die | حوصلة هوائية |
| Lungenatmung, die | تنفس رئوي |

# Biologie | علم الأحياء | 2.2

| | |
|---|---|
| Brutpflege, die | رعاية الحضنة |
| Eizahl, die | عدد البيض |
| Metamorphose, die | تحول، مسخ، تغير مظهره |
| Überwinterung, die | فصل الشتاء / مشتى للماشية |

## 2.3 7. Klasse — الصف السابع

| | |
|---|---|
| Organe, die | أعضاء، أجهزة، وسائل |
| Blütenpflanze, die | النباتات المزهرة |
| Grundbauplan, der | الخطة الأساسية |
| Blüte, die | إزهار، تفتح الزهور، تزهر |
| Blütenaufbau, der | هيكل الزهرة |
| Insekt, das | حشرة |
| Wild- und Nutzpflanzen, die | النباتات البرية والمحاصيل |
| Wurzel, die | جذر |
| Laubblatt, das | ورقة صلبة |
| Wassertransport, der | نقل المياه |
| Mikroskopie, die | المجهرية، الفحص المجهري |
| Mikroskop, das | مجهر، ميكروسكوب |
| Handhabung, die | معالجة يدوية، مناورة |
| Funktionsweise, die | تشغيل، عملية |
| Beleuchtung, die | إضاءة |
| Wasserpest, die | حشيشة الماء، طحلب |
| Zelle, die | خلية |
| Organismen, die | الكائنات العضوية / جسم متعضٍ |
| Gewebe, das | نسيج |
| Zwiebelhäutchen, die | ظهارة البصل |

## 2.3 Biologie علمالأحياء

|  |  |
|---|---|
| Moosblättchen, die | منشورات الخوار |
| Zellwand, die | جدار الخلية |
| Plasma, das | بلاسما، جبلة |
| Zellkern, der | نواة |
| Modellvorstellung, die | مفهوم النموذج |
| Mundschleimhaut, die | الغشاء المخاطي للفم |
| Fotosynthese, die | تركيب / تخليق ضوئي |
| Bedeutung des Lichts, die | أهمية الضوء |
| Kohlenstoffdioxid | ثاني أوكسيد الكربون |
| Stärke, die | قوّة |
| Sauerstoff, der | أكسيجين |
| Knospe, die | برعم |
| Wurzel, die | جذر |
| Nährstoffe, die | مواد غذائية |
| Glucose, die | غلوكوز، سكر العنب / النشا |
| Fett, das | دهن، شحم |
| Atmung bei Pflanzen, die | التنفس في النباتات |
| Grünanlage, die | المنطقة الخضراء، منتزه |
| Versuchsergebnis, das | نتيجة الاختبار |
| Stoffwechsel, der | الأيض |
| Gärung, die | تخمير |
| Ökosystem, das | النظام البيئي |
| Wald, der | الغابة |
| Gewässer, die | مياه |
| Formen des Waldes, die | أشكال الغابات |
| Gewässertypen, die | أنواع المياه |
| Stockwerke, die | طوابق |

# Biologie | علمالأحياء | 2.3

| | |
|---|---|
| Insekten, die | حشرات |
| Exkursion, die | رحلة، نزهة |
| Wirbellosen, die | اللافقريات |
| Spreu, die | عصافة / نسافة |
| Räuber, die | لص |
| Beute, die | فريسة |
| Parasit, der | طفيلي |
| Symbiose, die | تكافل |
| chemische Nachweise, die | دلائل كيميائية |
| Stäbchen, das | قضيب، عود |
| Temperatur, die | درجة الحرارة |
| Messung, die | قياس |

## 2.4
## 9. Klasse
### الصف التاسع

| | |
|---|---|
| Auge, das | عين |
| Ohr, das | أذن |
| Schnitte, die | مقطع |
| Modelle, die | نموذج |
| Objekte, die | مواضيع |
| Schallwelle, die | موجة الصوت |
| Knochen, die | عظام |
| Reize, die | حافز، مثير، منبه |
| Netzhaut, die | شبكية العين |
| Haarzellen, die | خلايا الشعر |
| sehen | رأى، شاهد |
| Gehirn, das | دماغ |

## 2.4 Biologie — علم الأحياء

|  |  |
|---|---|
| Gifte, die | سموم |
| Drogen, die | مخدرات |
| Immunsystem, das | جهاز المناعة |
| Blutgruppe, die | فصيلة الدم، زمرة الدم |
| Impfschutz, der | تطعيم |
| Therapie, die | علاج |
| Infizierung, die | عدوى |
| AIDS | الإيدز |
| Hepatitis | التهاب الكبد |
| Risiko, das | خطر |
| Krankheit, die | مرض، داء |
| Blut, das | دم |
| Blutbestand, der | مكونات الدم |
| Laborbefund, der | نتائج مخبرية |
| Organismus, der | عضوية، جسم متعضٍ |
| Prozesse, die | عمليات، إجراءات |
| Molekül, das | نواة |
| Hormone, die | هرمونات، |
| Schwangerschaft, die | فترة الحمل |
| Geburt, die | ولادة |
| Kreismodell, das | نموذج الدائرة / الحلقة |
| Elternschaft, die | الأبوة والأمومة |
| Lebensform, die | أسلوب العيش |
| Vererbung, die | وراثة |
| Merkmale, die | خصائص، مميزات |
| Mitose, die | الانقسام الفتيلي |
| Blutkrankheit, die | أمراض الدم |
| Klonen, das | استنساخ |

# Biologie | علمالأحياء | 2.5

## 2.5
## Einführungsphasen in 10. Klasse

|  |  |
|---|---|
| Zelle als offenes System, die | الخلية كنظام مفتوح |
| Bausteine, die | حجر البناء، الأساس |
| Leben, das | الحياة |
| Organ, das | عضو |
| Gewebe, das | نسيج |
| Untersuchungsmethoden, die | أساليب الأبحاث |
| Diffusion, die | نشر، تعميم |
| Osmose, die | تناضح |
| Bestandteile, die | عنصر، مكوّن |
| Eigenschaften, die | صفات، خصائص |
| Membranen, die | أغشية |
| Modelle, die | نماذج |
| Transportmechanismen, die | آليات النقل / أجهزة النقل |
| Zelle als Teil des Organismus, die | الخلية كجزء من الكائن الحي |
| Katalyse, die | الحفز |
| chemische Reaktionen, die | التفاعلات الكيميائية |
| Regulation, die | تنظيم، تناسق |
| Moleküle, die | جزيئات |
| Kreislauf, der | تداول / حركة مرور / دوران الدم |
| Ontogenese, die | تطور الجنين، نشوء الكائن الفرد وتطوره |
| Mitose, die | الانقسام الفتيلي |
| menschliche Entwicklung, die | التنمية البشرية، تطور البشر |
| Geschlecht, das | جنس |
| Transsexualität, die | تغيير الجنس |

# 2.6 Biologie — علم الأحياء

## 2.6 Oberstufe
## المستوى المتقدم

### Q1

|  |  |
|---|---|
| Genetik, die | علم الوراثة |
| Regulation, die | تنظيم، تناسق |
| Bakteriengenetik, die | علم الوراثة البكتيرية |
| Bau, der | بناء، إنشاء |
| Vermehrung, die | تكاثر، إنتشار |
| Gentechnik, die | الهندسة الوراثية |
| Gentest, der | اختبار جيني |
| Diagnose, die | التشخيص |
| Prinzip, das | مبدأ |
| Krebszellen, die | الخلايا السرطانية |
| Vielfalt, die | اختلاف، تنوّع |
| Antikörper, die | الجسم المضاد |

### Q2

|  |  |
|---|---|
| Klimazonen, die | مناخات |
| Faktoren, die | العوامل |
| biotische Faktoren, die | عوامل إحيائية |
| Ölsystem, das | نظام النفط |
| Potenz, die | قوة، سلطة / قوة تناسلية |
| Energiefluss, der | تدفق الطاقة |
| Kohlenstoffkreislauf, der | دورة الكربون |
| Feinbau, der | تقليم، قص، جلم / رسم الخطوط الأولية |
| Fotosynthese, die | التركيب الضوئي |
| Zellatmung, die | التنفس الخلوي |
| Experiment, das | تجربة، إختبار |
| Klimawandel, der | تغير المناخ |
| Schadstoff, der | ملوثات |

# Biologie | علم الأحياء | 2.6

## Q3

| | |
|---|---|
| Nervenzellen, die | الخلايا العصبية |
| Synapsen, die | نقاط الاشتباك العصبي |
| Nervensystem, das | الجهاز العصبي |
| Wirbeltiere, die | الفقاريات، الحيوانات الفقارية |
| Beeinflussung, die | تأثير |
| Sinnesorgane, die | الحواس، أعضاء الحواس |
| Reflex, der | انعكاس |
| Handlung, die | عمل، إجراء |
| Vergleich von Tier und Mensch, der | مقارنة بين الحيوانات والبشر |
| menschliche Sprache, die | لغة الإنسان |
| Verständigung bei Tieren, die | التفاهم لدى الحيوانات |
| Nahrungserwerb, der | المساعدات الغذائية، شراء المواد الغذائية |
| Verhalten bei Tieren, das | السلوك لدى الحيوانات |
| Stammbaum, der | شجرة العائلة، شجرة النسب |
| Befunde, die | النتائج، الاستنتاجات |
| Evolution, die | تطور، تحول |
| Theorie, die | نظرية |

## Q4

| | |
|---|---|
| Stammbaum des Menschen, der | شجرة عائلة الانسان |
| Ursprung, der | أصل |
| Skelett, das | هيكل عظمي |

# Chemie
## الكيمياء

| | | |
|---|---|---|
| 3.1 | 7. Klasse | الصف السابع |
| 3.2 | 8. Klasse | الصف الثامن |
| 3.3 | 9. Klasse | الصف التاسع |

# 3 Chemie
## الكيمياء
7. Klasse الصف السابع

| | |
|---|---|
| Stoffe, die | مواد |
| Strukturen, die | هياكل، تراكيب |
| Eigenschaften, die | صفات، حصائص |
| Sinne, die | حواس |
| Metalle, die | معادن |
| Wasserkreislauf, der | دورة المياه |
| Trinkwasser, das | مياه الشرب |
| Kläranlage, die | محطة تنقية |
| Recycling, das | إعادة التدوير |
| Experiment, das | تجربة، إختبار |
| Sammlung, die | جمع، مجموعة، تحصيل |
| Naturwissenschaft, die | علم |
| Chemikalien, die | مواد كيميئية |
| Physik, die | الفيزياء |
| Ausführung, die | تنفيذ، إنجاز |
| Entsorgung, die | تخلص من، طرح، فضالة |
| Schutzmaßnahme, die | تدابير وقائية |
| Einteilung, die | تصنيف، انقسام |
| Hypothese, die | فرضية، افتراض |
| Beobachtung, die | ملاحظة، مراقبة |
| Aggregatzustand, der | الحالة المادية |
| schmelzen | صهر، تذوب |
| sieden | غلي |
| erstarren | جمد، تحجر |

## 3.1 Chemie — الكيمياء

|  |  |
|---|---|
| kondensieren | كثّف / أوجز |
| sublimieren | تسامى، تصعد |
| verdunsten | تبخّر، تلاشى |
| Bausteine, die | حجر البناء، الأساس |
| Teilchenmodell, das | حجر البناء، الأساس |
| Materie, die | مادة |
| Stoffgemisch, das | مزيج |
| homogen | متجانس |
| heterogen | متنوع |
| Industrie, die | الصناعة |
| Umwelt, die | البيئة |
| Labortechnik, die | تكنولوجيا المختبرات، تقنية المختبرات |
| Destillation, die | تقطير |
| Filltration, die | ترشيح |
| abdampfen | تبخّر |
| abscheiden | أفرز |
| Extraktion, die | استخلاص، استخلاص |
| Chromatographie, die | الفصل اللوني |
| chemische Reaktion, die | تفاعل كيميائي |
| Umwandlung, die | تحويل، تحول |
| neutralisieren | تعادل، صار محايداً |
| erhitzen | سخّن، دفّأ، حمى / نشط، أثار |
| Reaktionsschemata, das | مخططات التفاعل |
| Diagramm, das | رسم بياني |
| Verbrennung, die | احراق، احتراق |
| Brände, die | حرائق |
| Explosion, die | انفجار |
| Feuerlöschen, das | إخماد النار، إطفاء الحريق |

| Chemie | الكيمياء | 3.1 |

| | |
|---|---|
| Brandschutz, der | الحماية من الحرائق |
| Sauerstoffanteil, der | محتوى الاكسجين |
| Gefährdung, die | المخاطر، التعريض للخطر |
| Atmosphäre, die | الجو |
| Spurengas, das | الغاز النزر |
| Wasserstoff, der | هيدروجين |
| Energieträger, der | الوقود، مصادر الطاقة |
| Oxiden | أكاسيد |
| Kohlenstoff, der | الكربون |
| Elemente, die | عناصر |
| Eisen, das | الحديد |
| Kupfer, das | النحاس |
| Zink, der | الزنك |

## 3.2
### 8. Klasse
الصف الثامن

| | |
|---|---|
| Symbole, die | رموز |
| Modelle, die | نماذج |
| Atome, die | ذرات |
| Bausteine, die | حدات، كتل / عمارة |
| Größe, die | حجم |
| Masse, die | كتلة |
| Kugel, die | كرة |
| Moleküle, die | جزيئات |
| Reaktionsgleichung, die | رد فعل المعادلة |
| Metalloxid | معدن، معدنية |
| Metallsulfid | كبريتيد المعادن |
| Symbolsprache, die | لغة رمزية |
| Ammoniak | نشادر |
| Druck, der | ضغط |

## 3.2 Chemie — الكيمياء

|  |  |
|---|---|
| Magnesium | مغنيسيوم |
| Formel, die | معادلة |
| Gleichung, die | صيغة، معادلة |
| Vielfalt, die | تنوع، تعدد |
| Atombau, der | التركيب الذري |
| Periode, die | دورة، مدة، عهد |
| Atomkern, der | نواة الذرة |
| Atomhülle, die | طبقة نووية |
| Bleichmittel, das | مبيض |
| Ergebnis, das | نتيجة |
| Elektronen, die | الإلكترونات، كهربات |
| Schalenmodell, das | نموذج القشرة |
| Technik, die | تقنية |
| Schwerpunkt, der | مركز الثقل |
| Flammenfärbung, die | تلوين اللهب |
| Rohrreiniger, der | منظف الأنابيب |
| Chlor, das | كلور |
| Sanitär, der | أدوات المرافق الصحية / رجل إسعاف |
| Edelgase, die | الغازات النبيلة |
| Verwendung, die | استخدام، استعمال |
| Salze, die | أملاح |
| Elektrolyse, die | تحليل كهربائي |
| Ionenbegriff, der | مصطلح أيون |
| Mineralstoffe, die | معادن |
| Gewinnung, die | استخراج، استخلاص |
| Kochsalz, das | ملح الطعام |
| Herstellung, die | تصنيع، إنتاج |

# Chemie | الكيمياء | 3.3

## 3.3
### 9 Klasse
### الصف التاسع

|  |  |
|---|---|
| Moleküle, die | جزيئات |
| Wechselwirkung, die | تفاعل |
| Elektronen, die | الإلكترونات، كهيربات |
| Auswirkung, die | تأثير |
| Gewinnung, die | استخراج، استخلاص |
| Struktur, die | هيكل |
| Lösemittel, das | مذيب |
| Vergleich, der | مقارنة |
| Phänomen, das | ظاهرة |
| Anomalie, die | شذوذ، مخالف للعادة |
| Kräfte, die | قوى |
| Löslichkeit, die | ذوبان |
| Siedetemperatur, die | درجة حرارة الغليان |
| Schmelztemperatur, die | درجة حرارة انصهار |
| Säure, die | أحماض |
| Regen, der | مطر |
| Boden, der | الأرض |
| Konzentration, die | تركيز |
| Neutralisation, die | معادلة، إبطال المفعول |
| Bildung, die | تعليم / تشكيل |
| Formel, die | معادلة |
| Nachweis, der | إثبات، دليل |
| Brennstoff, der | وقود |
| Ressourcen, die | موارد |
| Aufbereitung, die | إعداد، تحضير |
| Verbrennung, die | احتراق، أحراق |

## 3.3 Chemie — الكيمياء

|  |  |
|---|---|
| Abgase, die | غازات العادم |
| Umwelt, die | بيئة |
| Erdgas, das | غاز طبيعي |
| Erdöl, das | نفط، زيت، بترول |
| Säurentest, der | اختبار الأحماض |
| Neutralisation, die | تعادل، إبطال |
| Salze, die | أملاح |
| Kochsalz, das | ملح الطعام |
| Vorkommen, das | ظهور، وجود، توفر |
| Gewinnung, die | استخراج، استخلاص |
| Verwendung, die | استعمال، استخدام |
| Kalk, der | كلس |
| Baustoff, der | مواد البناء |
| Mineralien, die | معادن |
| Gesteine, die | صخور |
| Boden, der | الأرض |
| Glas, das | زجاج |
| Keramik, das | خزف، سيراميك |
| Zement, der | اسمنت |
| Züchten von Kristallen, das | تزايد/تنامي البلورات |
| Biomasse, die | كتلة حيوية |
| Kohlenstoff, der | كربون، فحم |
| Pflanzenasche, die | رماد النبات |
| Inhaltsstoffe, die | مكونات |
| Mineralsalz, das | أملاح معدنية |
| Zuckerlösung, die | محلول السكر |
| Atmung, die | التنفس |
| Erdgas, das | غاز طبيعي |
| Kraftstoff, der | وقود |

# Chemie — الكيمياء | 3.3

|  |  |
|---|---|
| Benzin, das | بنزين |
| Diesel, der | مازوت |
| Heizöl, das | زيت التدفئة |
| Verbrennungsmotor, der | محرك الاحتراق الداخلي |
| Luftverschmutzung, die | تلوث الهواء |
| Abgaskatalysator, der | عامل حفاز للغازات العادم |
| Treibhauseffekt, der | ظاهرة الاحتباس الحراري |
| Kunststoffe, die | مواد اصطناعية، بلاستيك |
| Werkstoffe, die | مواد |
| Entsorgung, die | التخلص من |
| Kohlenhydrate, die | هيدرات الكربون |
| Ethanol, das | الإيثانول |
| Essigsäure, die | حامض الخليك |
| Eiweiße, die | البروتينات |
| Bausteine, die | كتل |
| Fette, die | الدهون |
| Fettsäuren, die | أحماض دهنية |
| Nachweisreaktion, die | رد فعل الكشف |
| Emulsionen, die | مستحلبات |
| Nahrungsmittel, das | طعام، مواد غذائية |
| Eiweißmoleküle, die | جزيئات البروتين |
| Vitamine, die | فيتامينات |
| Lebensmittelzusatzstoff, der | المضافات الغذائية |
| Waschvorgang, der | عملية الغسيل |
| Zusammensetzung einer Creme, die | تركيبة كريم |
| Schülerversuche, die | تجارب التلاميذ |
| Bau von Modellen, der | بناء نماذج |
| Gebrauchsmetalle, die | المعادن المستعملة |
| Korrosion, die | تآكل، صدأ |
| Holz, das | خشب |

# Ethik
علم الأخلاق

| | | |
|---|---|---|
| 4.1 | 5. Klasse | الصف الخامس |
| 4.2 | 6. Klasse | الصف السادس |
| 4.3 | 7. Klasse | الصف السابع |
| 4.4 | 8. Klasse | الصف الثامن |
| 4.5 | 9. Klasse | الصف التاسع |
| 4.6 | Einführungsphase | المستوى المتقدم |
| 4.7 | Qualifikationsphase | |

# 4.1 Ethik
## علم الأخلاق

5. Klasse الصف الخامس

| | |
|---|---|
| Abhängigkeit, die | الإعتماد، الإتّكال |
| Handlungsspielraum, der | مجال للمناورة |
| Angewiesenheit, die | الاعتماد على، التبعية |
| Nahrung, die | طعام، غذاء |
| Kleidung, die | ملابس |
| Wohnung, die | شقة سكنية |
| Umweltschutz, der | حماية البيئة |
| Freiheit, die | الحرية |
| persönliche Zuwendung, die | الاهتمام الشخصي |
| Ressourcen, die | موارد، مصادر |
| soziale Einbundung, die | الارتبط الإجتماعي |
| Fürsorge, die | رعاية، عناية |
| Zuwendung, die | منح، ضمان، موافقة |
| Verständnis, das | تفهم، إدراك |
| Kooperation, die | تعاون |
| Leistung, die | إنجاز / قوة، طاقة |
| Willkür, die | تعسف، تحكم، ظلن، استبداد |
| Handlungsfreiheit, die | حرية العمل |
| Tradition, die | تقليد، عرف، سُنّة |
| Sozialnatur, die | الطبيعة الإجتماعية |
| Familie, die | عائلة |
| Kindheit, die | الطفولة |

## 4.1 Ethik — علم الأخلاق

|  |  |
|---|---|
| Eltern, die | الأهل، الوالدان |
| Erwachsenen, die | كبار السن، بالغ السن |
| Vorgesetzter, der | مشرف، مراقب |
| Krankenfürsorge, die | التأمين على المرض |
| Altenfürsorge, die | رعاية المسنين |
| Obdachlosigkeit, die | التشرد، انعدام المأوى |
| Not, die | الضرورة، الحاجة، الضيق، الإستغاثة |
| Arbeitsteilung, die | تقسيم العمل |
| Vorratshaltung, die | تخزين |
| Freund, der | صديق |
| Gegner, der | خصم |
| Unterscheidung, die | فرق، مّيّز، تفرقة |
| Bekannten, die | معارف |
| Spielkameraden, die | رفاق اللعب |
| Freundschaft, die | صداقة |
| Enttäuschung, die | خيبة أمل |
| Einfühlung, die | التقمص العاطفي |
| Empathie, die | المشاركة الوجدانية |
| Erlebnisse, die | تجارب، مغامرات |
| Konflikte, die | صراعات، نزاعات |
| Streit, der | خلاف، نزاع |
| Würde des Menschen, die | كرامة الإنسان |
| Pflichten, die | واجبات، إلتزامات |
| Zusammenhänge, die | علاقات |
| Schule, die | مدرسة |
| Verwandte, die | أقارب |
| Jugendgruppe, die | مجموعة من الشباب |
| Zwang, der | إكراه، إجبار |
| Notwendigkeit, die | ضرورة، حاجة |

# Ethik | علم الأخلاق | 4.1

|  |  |
|---|---|
| Wohltäter, der | فاعل خير |
| Freiheit, die | حرية |
| Würde, die | كرامة |
| Gewissen, das | ضمير |
| Vernunft, die | عقل، حجج، صواب |
| Spielregeln, die | قواعد اللعبة |
| Umgang mit Tieren, der | معاملة الحيوانات |
| Religion, die | الدين |
| Gelübde, das | نذر، تعهد |
| Handlung, die | عمل، إجراء |
| Wege, die | مسارات، دروب |
| Erlösung, die | فداء، خلاص / مناص |
| Hygiene, die | نظافة، طهارة |
| Gesundheit, die | صحة |
| Selbsterkenntnis, die | معرفة الذات |
| Disziplin, die | انضباط، تأديب |
| Wahrheit, die | الحقيقة |
| Lüge, die | كذبة |
| Täuschung, die | خداع، تضليل |
| Wahrhaftigkeit, die | الصدق، المصداقية |
| Flunkern, das | أكذوبة |
| Angeberei, die | تفاخر، تبجح، تباهي |
| Notlüge, die | كذبة بيضاء |
| Schaden, das | أذى، تلف، ضرر |
| Rücksichtnahme, die | إعتبار، احترام، إجلال، مراعاة |
| Egoismus, der | أنانية، حب الذات، الأثرة |
| Tratsch, der | نميمة، ثرثرة، قيل وقال، شائعات |

## 4.2 Ethik — علم الأخلاق

### 4.2 6. Klasse — الصف السادس

|  |  |
|---|---|
| gut | خير |
| böse | شر |
| innere Stimme, die | صوت داخلي |
| Stimme Gottes, die | صوت الله |
| Natur, die | الطبيعة |
| Erzieher, der | المربي، المعلم |
| Erfahrung, die | تجربة، خبرة |
| Schuld, die | ذنب |
| Strafe, die | عقوبة |
| Sühne, die | التكفير عن |
| Entschuldigung, die | إعتذار، تأسف |
| Töten, das | قتل |
| Gebote, die | وصايا / عروض |
| Verbote, die | حظر، محظورات |
| Warnungen, die | تحذيرات |
| Weisungen, die | تعليمات |
| Gerechtigkeit, die | عدل، صلاح، إستقامة، صواب |
| Schaden, der | أذى، تلف، ضرر |
| Gleichgewicht, das | توازن |
| Riten, die | طقوس |
| Religion, die | الدين |
| Gottesdienst, der | عبادة، تعبد |
| Taufe, die | معمودية |
| Hochzeit, die | زفاف |
| Feste, die | احتفالات |
| Erwartungshaltung, die | التوقع |

# Ethik — علم الأخلاق 4.2

| | |
|---|---|
| Rituale, die | الطقوس |
| Eigenverantwortung, die | مسؤولية خاصة / ملكية |
| Selbstdisziplin, die | الإنضباط الذاتي |
| Rollenverhalten, das | تصرف / سلوك الدور |
| Stärken, die | القوى |
| Schwächen, die | نقاط الضعف |
| Idol, das | المعبود، الطغوت |
| Vorbild, das | نموذج، المثال الأعلى |
| Träume, die | أحلام |
| Zufall, der | صدفة، فرصة |
| Glück, das | حظ، سعادة |
| Geschick, das | المصير |

| 4.3 Ethik | علم الأخلاق |

| 4.3 7. Klasse الصف السابع | |
|---|---|
| Normalität, die | الحياة / الأحوال الطبيعية |
| Interesse, das | اهتمام / فائدة |
| Umgang, der | معالجة، تعامل، تداول |
| Diskussion, die | مناقشة، نقاش |
| Konflik, der | صراع، نزاع |
| Verträge, die | عقود |
| Gesetze, die | قوانين |
| Recht, das | الحق |
| Absprache, die | تشاور، إستشارة |
| Umgang mit Gewalt, der | التعامل مع العنف |
| Geduld, die | الصبر |
| Kompromiss, der | حل أو تسوية بالتحكيم، تراضٍ / إلتزام |
| Sachlichkeit, die | موضوعية |
| Sicherheit, die | أمن |
| Toleranz, die | تسامح |
| Anerkennung der Freiheit, die | الإعتراف بالحرية |
| Mensch als Mittel zum Zweck, der | الرجل كوسيلة لتحقيق غاية |
| Verhältnis, das | علاقة / نسبة |
| Folter, die | تعذيب |
| Erpressung, die | ابتزاز |
| Ausgrenzung, die | استبعاد، إقصاء |
| Minderheit, die | أقلية |
| sexuelle Gewalt, die | العنف الجنسي |
| Schutz, der | حماية |

# Ethik | علم الأخلاق | 4.4

| | |
|---|---|
| Schwäche, die | ضعف |
| Risiko, das | خطر |
| Autorität, die | الهيئة العامة، السلطة |
| Selbstzweifel, der | الشك بالنفس |
| Gewissen, das | ضمير، إدراك |

## 4.4 — 8. Klasse — الصف الثامن

| | |
|---|---|
| Menschenrechte, die | حقوق الإنسان |
| Kampf, der | النضال، كفاح، صراع |
| Sklaverei, die | عبودية |
| Freiheit, die | الحرية |
| Gleichheit, die | مساواة |
| Organisation, die | منظمة |
| Eigentum, das | ممتلكات |
| Glaube, der | إيمان، عقيدة |
| Meinungsäußerung, die | التعبير عن، الإعراب عن |
| Berufswahl, die | اختيار المهنة |
| Liebe, die | الحب |
| Freundschaft, die | صداقة |
| Fortpflanzung, die | إستنساخ / تناسل، إنجاب |
| Vereinigung, die | إتحاد، نقابات |
| Partnerschaft | شراكة |
| Verantwortung, die | مسؤولية |
| Schöpfung, die | خلق، إحداث، إبداع |
| Auftrag, der | نظام، ترتيب، مهمة |
| Allmacht, die | السلطة المطلقة |
| Offenbarung, die | الوحي، الإلهام |
| Weisung, die | تعليمات، إرشادات |

## 4.4 Ethik — علم الأخلاق

|  |  |
|---|---|
| Predigt, die | خطبة، موعظة |
| Wahrheitsfindung, die | حقيقة |
| Aussagen, die | ادلاء بشهادته / تصريحات |
| Fehlbarkeit, die | للاعصمة، قابلية للخطأ |
| Grenzen, die | حدود |
| Wahrhaftigkeit, die | صدق، حقيقة، صحة |

## 4.5 9. Klasse — الصف التاسع

|  |  |
|---|---|
| Gewissen, das | ضمير، سريرة، ذمة |
| Entscheidung, die | قرار، حكم، تصميم / فتوى |
| Handeln, das | عمل، إجراء |
| Unterlassen, das | الامتناع عن، الاحجام عن |
| Konflikt, der | صراع، نزاع |
| Norm, die | معيار، مستوى / مرجعية |
| Wert, der | قيمة، أهمية |
| Dilemma, das | معضلة، ورطة، مأزق |
| Ehe, die | زواج |
| Pflichtehe, die | لزواج إلزامياً |
| Standesehe, die | الزواج التقليدي |
| Vernunftehe, die | زواج المصلحة |
| Trauschein, der | شهادة الزواج |
| Scheidung, die | الطلاق |
| persönliches Glück, das | السعادة الشخصية |
| Gerechtigkeit, die | العدل، الإستقامة، الصواب |
| Chancengleichheit, die | تكافؤ الفرص |
| Vergleich, der | مقارنة، |
| Tier, das | الحيوان |
| Mensch, der | الإنسان |

| | |
|---|---|
| Lernfähigkeit, die | القدرة على التعلم |
| Neugier, die | فضول |
| Habgier, die | الطمع، الجشع |

## Oberstufe Einführungsphase 1
### المستوى المتقدم

| | |
|---|---|
| Markt, der | السوق |
| Sinnangebot, der | عرض المعنى |
| Glückserwatung, die | توقع السعادة |
| Lebensentwurf, der | تصميم الحياة |
| Verzicht, der | تنازل، إعفاء |
| Einklang, der | إنسجام، تناغم، وئام |
| Narzissmus, der | أنانية، عشق الذات |
| Erfolg, der | نجاح |
| Anerkennung, die | اعتراف، إدراك |
| Sicherheit, die | أمن، سلامة، أمان، طمأنينة |
| Erlebnis, das | تجربة، تجربة |
| Abwechslung, die | تقيير، تنوع، أصناف، تشكيلة |
| Unzufriedenheit, die | إستياء، سخط |
| Religionen, die | الأديان |
| Volk, das | الشعب |
| Auslegung, die | تفسير، ترجمة، تأويل |
| Gebote, die | الوصايا |
| Spannungsfeld, das | مجال التوتر |
| Perspektive, die | منطلق / ما يأمله الإنسان أو يخافه في المستقبل |
| heilige Schrift, die | الكتاب المقدس |
| Atheismus, der | الإلحاد، الزندقة، الكفر |

## 4.6 | Ethik — علم الأخلاق

| Oberstufe Qualifikationsphase (Q1) | |
|---|---|
| Vernunft, die | عقل، صواب / سبب، داعٍ |
| Vorausschau, die | منطلق / ما يأمله الإنسان أو يخافه في المستقبل |
| Sinnlichekit, die | حسيّة / شهوانية |
| Freiheit, die | الحرية |
| Selbstbestimmung, die | تقرير المصير |
| Handlungsfreiheit, die | حرية العمل، حرية التصرف |
| Wissbegierde, die | حب الاستطلاع، فضول |
| Basis, die | قاعدة، أساس |
| Wissenschaft, die | علم |
| Moral, die | الأخلاق |
| Sozialisation, die | الإدماج الاجتماعي، التنشئة الاجتماعية |

| Oberstufe Qualifikationsphase (Q2) | |
|---|---|
| Gewissensirrtümer, die | أخطاء الضمير |
| Gewissensmissbrauch, der | إستغلال الضمير |
| Abtreibung, die | إجهاض |
| Vernunft, die | عقل، حجج، صواب |
| Werte, die | قيم |
| Normen, die | معايير، مستويات / مرجعيات |
| Evolution, die | تطور، تحول |
| Relativierung, die | مذهب نسبي، النسبوية |

| Ethik | 4.6 علم الأخلاق |

## Oberstufe Qualifikationsphase (Q3)

|  |  |
|---|---|
| Gerechtigkeit, die | العدل، العدالة |
| Kritik, die | إنتقاد |
| Freiheit, die | الحرية |
| Eigentum, das | ممتلكات |
| Globalisierung, die | العولمة |
| Produkt, das | نتاج، إنتاج، منتوج |
| Recht, das | الحق |
| Naturrecht, das | القانون الطبيعي، الشريعة الطبيعية |
| Rechtsstaat, der | سلطة القانون، دولة القانون |
| Krankheit, die | مرض، داء |
| Kriminalität, die | جريمة |
| Sicherungsverwahrung, die | الحبس الاحتياطي |
| Selbstbestimmung, die | تقرير المصير |

## Oberstufe Qualifikationsphase (Q4)

|  |  |
|---|---|
| Naturbegriff, der | مفهوم الطبيعة |
| Technik, die | تقنية |
| Fortschritt, der | تقدم، إرتقاء، رقيّ |
| Stellung des Menschen, die | موقف الرجل |
| Herstellung, die | إنتاج، منتوج |
| Anwendung, die | استعمال، تطبيق |
| Machine, die | آلة، جهاز |

# ERDKUNDE
## الجغرافيا

| | | |
|---|---|---|
| 5.1 | 5. Klasse | الصف الخامس |
| 5.2 | 6. Klasse | الصف السادس |
| 5.3 | 8. Klasse | الصف الثامن |
| 5.4 | Einführungsphase | المستوى المتقدم |
| 5.5 | Qualifikationsphase | |

# 5.1 ERDKUNDE

## علم الأخلاق
## 5. Klasse - الصف الخامس

|  |  |
|---|---|
| Handlungsraum, der | مساحة العمل |
| Landschaftsraum, der | غرفة المناظر الطبيعية |
| Windrose, die | ردة الرياح |
| Karte, die | بطاقة |
| Kompass, der | بوصلة |
| Maßstab, der | سلم، جدول، مقياس |
| Ozeane, die | المحيطات |
| Großlandschaft, die | المشهد العظيم |
| Flüsse, die | الأنهار |
| Städte, die | المدن |
| Bundesländer, die | المحافظات الألمانية |
| Planetennatur, die | طبيعة الكواكب |
| Kontinente, die | القارات |
| Globus, der | الكرة الأرضية |
| Karte, die | خريطة |
| Atlas, der | أطلس جغرافي |
| Pole, die | أقطاب |
| Äquator, der | خط الإستواء |
| Gradnetz, das | شبكة مستوى |
| (siehe RS Erdkunde: Flüsse, Gebirge,....) | انظر الجغرافيا: الأنهار، والجبال..) |

## 5.1 Erdkunde — الجغرافيا

|  |  |
|---|---|
| Alpen, die | جبال الآلب |
| Landschaft, die | منظر طبيعي |
| Landschaftsschutz, der | حماية المناظر الطبيعية |
| Verkehrsraum, der | مجال النقل، منطقة المرور |
| Wirtschaftsraum, der | الاقتصاد في العالم |
| Nutzungswandel, der | تغيرات في الاستعمال |
| Tourismus, der | السياحة |
| Staaten, die | الدول |
| Ballung, die | تركيز، تجمعات |

## 5.2 6. Klasse — الصف السادس

|  |  |
|---|---|
| Wirtschaftraum, der | الاقتصاد في العالم |
| Kulturraum, der | الفضاء الثقافي |
| Zonnenbildung, die | تقسيم المناطق |
| Ordnungssystem, das | نظام الترتيب |
| Klima, das | مناخ |
| Klimazonen, die | المناخات |
| Diagramm, das | رسم بياني |
| Migration, die | الهجرة |
| Mobilität, die | قابلية للتحرك / للتنقل، سهولة الحركة |
| Kernraum, der | المنطقة الأساسية |
| Rohstoffe, die | مواد خام، مواد أولية |
| Industrie, die | الصناعة |
| Fischfang, der | صيد السمك |
| Holzwirtschaft, die | صناعة الأخشاب |
| Luft, die | الهواء |
| Wasser, das | الماء |
| Vulkanismus, der | الثوران البركاني |
| Erdbeben, das | زلزال، هزة أرضية |
| Bewässerungswirtschaft, die | الزراعة المروية |

# Erdkunde | 5.2 الجغرافيا

| | |
|---|---|
| Messwerte erfassen, die | تتبع المقاييس |
| Klimadaten, die | البيانات المناخية |
| Koordinaten, die | إحداثيات |
| regionale Probleme, die | المشاكل الإقليمية |
| Benzin, das | بنزين |

## 5.3 8. Klasse
### الصف الثامن

| | |
|---|---|
| Gradnetz, das | شبكة مستوى |
| Zeitzone, die | منطقة زمنية |
| Erdachse, die | محور الأرض |
| Rotation, die | دوران / تناوب، تعاقب |
| Umlaufbahn, die | مدار، فلك |
| Polarkreise, die | الدائرة القطبية الشمالية |
| Wendekreise, die | المناطق المدارية، المناطق الاستوائية |
| Jahreszeiten, die | فصول السنة / المواسم |
| Vegetation, die | الحياة النباتية |
| Dynamik die | ديناميكية، علم الديناميكا |
| Naturhaushalt, der | النظام البيئي |
| Vulkanismus, der | الثوران البركاني |
| Erdbeben, das | زلزال، هزة أرضية |
| Gebirgsbildung, die | تكوّن الجبال |
| Auswirkung von Eingriffen, die | تأثير التدخلات، أثر الإجراءات التدخلية |
| Grundwasserabsenkung, die | انخفاض المياه الجوفية |

## 5.4 Erdkunde — الجغرافيا

|  |  |
|---|---|
| Versteppung, die | التصحر |
| Versalzung, die | التملح، تملح التربة |
| Ökosystem, das | النظام البيئي |
| Regenwald, der | الغابات المطيرة، الغابات الإستوائية |
| Polargebiet, das | المنطقة القطبية |
| Nord- Südpol, der | القطب الشمالي والجنوبي |
| Strukturwandel, der | التغيير الهيكلي |

### Oberstufe Einführungsphase 1
### المستوى المتقدم

|  |  |
|---|---|
| Klimazonen, die | المناخات |
| Luftmasse, die | كتلة هوائية |
| Klimawandel, der | تغير المناخ |
| Vulkanausbruch, der | ثوران بركاني |
| Emission, die | انبعاث، إصدار |
| Meeresspiegel, der | مستوى البحر، سطح البحر |
| Naturraum, der | منطقة طبيعية |
| Boden, der | الأرض |
| Klima, das | مناخ |
| Bevölkerung, die | السكان |
| Siedlung, die | استيطان |
| Infrastruktur, die | البنية التحتية |
| Wasser, das | الماء |
| Abwasser, das | مياه المجاري، مياه الصرف الصحي |
| Energie, die | طاقة، قدرة |
| Rohstoff, der | مواد خام، مواد أولية |
| Umwelt, die | البيئة |

# Erdkunde — الجغرافيا

## Oberstufe
## Qualifikationsphase (Q1-Q4)

|  |  |
|---|---|
| Topografie, die | التضاريس، معالم أرض أو بلد |
| Großlandschaft, die | المشهد العظيم |
| Raumordnung, die | ترتيب المكان |
| Landwirtschaft, die | الزراعة |
| Binnenmarkt, der | السوق الداخلي |
| Industrie, die | الصناعة |
| Ressourcen, die | موارد |
| Klima, das | مناخ |
| Vegetation, die | الحياة النباتية |
| Landnutzung, die | استخدام الأراضي |
| Infrastruktur, die | البنية التحتية |
| Medien, die | وسائل الإعلام |
| Tourismus, der | السياحة |
| Vielfalt, die | تنوع، تعدد |
| Integration, die | تكامل، توحد |
| Entwicklungsmerkmale, die | ملامح / ميزات التطوير |
| Entwicklungsländer, die | الدول النامية |
| Entwicklungspolitik, die | سياسة التنمية |
| Raumanalyse, die | تحليل الفضاء |
| klimatische Grundlagen, die | أساسيات مناخية |
| Belastung, die | حمل، عبء |
| Arbeitsmarkt, der | سوق العمل |
| Schuldenkrise, die | أزمة الديون |

| 5.6 | Erdkunde | الجغرافيا |

# GESCHICHTE
# التّاريخ

| 6.1 | Geschichte | التاريخ و الأحداث التاريخية |
| 6.2 | Historisches Zeitalter | العصور التاريخيّة |
| 6.3 | 6. Klasse | الصف السادس |
| 6.4 | 7. Klasse | الصف السابع |
| 6.5 | 8. Klasse | الصف الثامن |
| 6.6 | 9. Klasse | الصف التاسع |
| 6.7 | Einführungsphase | المستوى المتقدم |
| 6.8 | Qualifikationsphase | |

## 6.1
## Geschichte
التاريخ و الأحداث التاريخية

| Nomen | |
|---|---|
| الأسماء | |

| die Geschichte,-n | التاريخ |
| die Weltgeschichte | تاريخ العالم |
| der Geschichtschreiber,- | مؤرّخ |
| die Völkerkunde | علم الأجناس البشريّة |
| die Volkskunde | علم التقاليد والفنون الشعبيّة |
| die Urkunde,-n | وثيقة |
| die Aufzeichnungen | تدوين، مذكّرات |
| die Völkerschaft,-en | القانون الدولي |
| die Rasse,-n | عرق، نسل، سلالة |
| die Nation,-en | أمّة |
| der Zustand,-̈e | وضع، حالة |
| die Wildheit,-en | توحّش |
| der Ursprung,-̈e | أصل، منشأ |
| die Entwicklung,-en | تطوّر |
| die Macht,-̈e | قدرة، سلطة |
| die Gewalt,-en | قدرة، استطاعة |
| die Größe | حجم، عظمة، أهميّة |
| die Blütezeit | العصر الذّهبي |
| der Verfall | انحطاط، سقوط |

## 6.1 Geschichte | التّاريخ

| | |
|---|---|
| der Aufruhr,-e | عصيان، فتنة |
| der Aufrührer,- | محرّض، ثائر |
| der Rebell,-en | متمرّد، عاصٍ |
| die Verschwörung,-en | مؤامرة |
| der Verschwörer,- | متآمر |
| die Verfolgung | مطاردة، اضطهاد |
| die Verbannung | نفي |
| die Aufhebung | إلغاء، إزالة، ابطال |

## 6.2 Historisches Zeitalter
### العصور التاريخيّة

### Nomen — الأسماء

| | |
|---|---|
| das Zeitalter | عصر، عهد |
| die Urzeit,-en | العصور الأولى |
| das Mittelalter | القرون الوسطى |
| die Neuzeit | العصور الحديثة |
| die neueste Zeit | العصر الحالي |
| der Römer,- | الرّومان |
| der Gallier,- | الغال |
| die Einwanderung | هجرة |
| die Auswanderung | هجرة، نزوح من الوطن |
| der Adel | الأشراف، النّبلاء |
| der Adelige,-n | النّبيل، الشريف |
| der Ritter,- | فارس |
| der Raubritter | فارس قاطع الطّرق |
| das Rittertum | فروسيّة |

| | |
|---|---|
| Geschichte | التّاريخ 6.2 |

| | |
|---|---|
| der Edelknabe,-n | وصيف، فتى من الأشراف |
| der Edelmann,-leute | شريف، نبيل |
| die Burg,-en | قلعة، حصن |
| der Burgherr | سيّد القلعة |
| der Rittersaal | قاعة الفرسان |
| der Graben | خندق |
| die Zugbrücke,-n | جسر متحرّك |
| der Turm,-¨e | برج |
| der Bergfried,-e | برج رئيسي |
| die Zinne,-n | شرفة في أعلى القلعة |
| die Schießscharte,-n | فتحة رمي، مزغل |
| das Burgverlies | سجن مظلم تحت الأرض |
| das Vorrecht,-e | امتياز |
| der Knappe,-n | حامل التّرس |
| die Steinzeit | العصر الحجري |
| der Kreuzzug,-¨e | حرب صليبيّة |
| die Waffe,-n | سلاح |
| der Bogen,-¨ | قوس |
| der Pfeil,-e | سهم |
| der Köcher,- | جعبة، كنانة |
| die Armbrust,-e | قوس قذوف |
| die Lanze,-n | رمح |
| die Rüstung,-en | درع وخوذة |
| der Panzer,- | دِرْع |
| der Helm,-e | خوذة |
| das Schwert,-e | سيف |
| der Schild,-e | ترس |
| der Landsknecht,-e | جندي ألماني مرتزق |
| der Sold | أجر الجندي |
| der Söldner,- | جندي مرتزق |
| die Reformation | الإصلاح البروتستانتي |

# Geschichte — التّاريخ

## 6.3 — 6. Klasse — الصف السادس

|  |  |
|---|---|
| Menschen der Urgeschichte, die | البشر ما قبل التاريخ |
| Mitwelt, die | العالم المعاصر |
| Revolution, die | الثورة |
| Evolution, die | التطور، التحول |
| Wirtschaft, die | الإقتصاد |
| Chronologie, die | التسلسل الزمني، علم تأريخ الأزمان والأحداث |
| Zeit als Bezugsrahmen, die | الوقت كمرجع |
| Fundstellen von Überresten, die | مواقع الرفات |
| Überlieferungen, die | التقاليد، العادات |
| Lebensbedingung, die | حالة المعيشة، شروط المعيشة |
| Lebensweise, die | نمط الحياة |
| Kaltzeiten, die | الفترات الباردة |
| Warmzeiten, die | الفترات الدافئة |
| Sesshaftigkeit, die | الإستقرار، حالة الحضرية |
| Ackerbau, der | الزراعة |
| Viehhaltung, die | الثروة الحيوانية، الماشية |
| Vorratswirtschaft, die | التخزين |
| Arbeitsteilung, die | تقسيم العمل |
| Hochkultur, die | ثقافة عالية |
| natürliche Mitwelt, die | عالم الطبيعة المحيطة بنا |
| Religiosität, die | تديّن، تقوى، ورع |
| Herrschaft, die | حكم، سيادة |
| Legitimation, die | الشرعية |

# Geschichte — التّاريخ 6.3

|  |  |
|---|---|
| Stromkultur, die | الثقافة الحالية |
| Einflüsse von Klima, die | تغيرات المناخ، تأثيرات المناخ |
| Landschaft, die | منظر طبيعي |
| Bewässerung, die | ريّ، سقاية |
| Stadt, die | مدينة |
| Tempelwirtschaft, die | اقتصاد معبد |
| Monotheismus, der | التوحيد، إيمان بإله واحد |
| räumliche Gliederung, die | التنظيم المكاني |
| Götter, die | الآلهة |
| Helden, die | أبطال |
| Handelsmacht, die | قوة تجارية، طاقة تجارية |
| Seemacht, die | القوة البحرية، السلطة البحرية |
| Zeitalter, das | تأريخ / عصر، عهد |
| Leben im Kriegerstaat, das | حياة الدولة المحاربة |
| Verfassung, die | دستور |
| soziale Gliederung, die | الهيكل الإجتماعي، التصنيف |
| politische Partizipation, die | مشاركة سياسية |
| Rolle der Frau, die | دور المرأة |
| Aufstieg zur führenden Landmacht, der | الصعود إلى قيادة القوة البرية |
| Bürgertum, das | بردجوازية، طبقة متوسطة |

## 6.4 Geschichte — التّاريخ

### 6.4 7. Klasse — الصف السابع

|  |  |
|---|---|
| Dorf, das | قرية |
| Imperium, das | إمبراطورية / سيطرة، هيمنة |
| Grundzüge, die | ميزات |
| republikanische Ordnung, die | أمر جمهوري |
| altrömische Familie, die | أسرة رومانية قديمة |
| Wertvorstellungen, die | القيم |
| Expansion, die | توسّع |
| innere Konflikte, die | صراعات داخلية |
| Kaiserzeit, die | الإمبراطورية |
| römisches Reich, das | لإمبراطورية الرومانية |
| Mittelmeerwelt, die | عالم البحر الأبيض المتوسط |
| Spätantike, die | أواخر العصور القديمة |
| Zwangsstaat, der | الدولة القسرية |
| Christenverfolgung, die | اضطهاد المسيحيين |
| Germanen, die | الجرمان، الألمان |
| Ausbreitung des Islam, die | انتشار الإسلام |
| Stadtherr, der | رجل المدينة |
| Markt, der | سوق |
| Zunft, die | نقابة |
| unterständische Gruppen, die | مجموعة خاضعة لنقابة |
| Fürst, der | أمير |
| Territorialgewalt, die | العنف الإقليمي |
| Frühkapitalismus, der | الرأسمالية المبكرة |
| Leben und Lehre | حياة وتعاليم |
| Judentum, das | اليهودية |

| Geschichte | التّاريخ | 6.1 |
|---|---|---|

|  |  |
|---|---|
| Christentum, das | المسيحية |
| Herrschaft, die | سيادة، حكم |
| imperiale Politik, die | سياسة امبراطورية |
| Kaiserkrönung, die | تتويج القيصر |
| Reichsstaat, der | دولة امبراطورية |
| große Pest, die | الطاعون الضخم |
| Folgen, die | نتائج، عواقب |
| Individualität, die | فردية / شخصية |
| Anatomie, die | علم التشريح |
| Astronomie, die | علم الفلك |
| Seeweg, der | طريق بحري |
| Entdeckung Amerikas, die | اكتشاف أميركا |
| Zerstörung der Kulturen, die | تدمير الثقافات / تدمير المحاصيل |
| Misstände in der Kirche, die | الشكاوى / المظالم في الكنتسة |
| Auseinandersetzung, die | نزاع، خلاف |
| Bauernkriege, die | حروب الفلاحين |
| Reformation, die | الإصلاح |
| Konfessionalisierung, die | تعاليم أصول الاعتراف (عند المسيحيين) |

# Geschichte — التّاريخ

## 6.5 — 8. Klasse — الصف الثامن

|  |  |
|---|---|
| Zeitalter des Absolutismus, das | عمر الحكم المطلق |
| Aufklärung, die | حركة التنوير |
| Konstitutionalisierung, die | دستور غير واقعي |
| Souveränität, die | سيادة |
| Hegemonialpolitik, die | سيطرة (سياسية)، هيمنة، نفوذ |
| konstitutionelle Monarchie, die | ملكية دستورية |
| französische Revolution, die | الثورة الإفرنسية |
| Krise, die | أزمة |
| Sturm auf die Bastille, die | اقتحام سجن الباستيل |
| Aufhebung der Feudalordnung, die | إلغاء الإقطاعية |
| Menschen- und Bürgerrechte, die | حقوق الإنسان والقانون المدني |
| Konvent, das | اتفاقية، معاهدة / مجلس، مؤتمر |
| Aufstieg, der | صعود، ارتقاء |
| Kaiserreich, das | غمبراطورية |
| Legitimation, die | شرعية |
| Restauration, die | إعادة الملكية أو غيرها من النظم السياسية |
| Bund, der | اتحاد، معاهدة، ميثاق |
| Dualismus, der | ثنائية |
| Beschlüsse, die | قرارات، فتاوى |
| Scheitern, das | فشل، إخفاق |
| Zollverein, der | الاتحاد الجمركي الألماني |
| industrielle Revolution, die | ثورة صناعية |

## Geschichte — التاريخ  6.5

|  |  |
|---|---|
| Folgen, die | نتائج، عواقب |
| Industrialisierung, die | تصنيع |
| Vorreiter, der | رائد |
| Bevölkerungswachstum, der | نمو سكاني |
| Massenproduktion, die | انتاج ضخم |
| Fabrik, die | معمل، مصنع |
| Lohnarbeit, die | العمل المأجور |
| Kapital, das | رأسمال |
| Aktiengesellschaft, die | شركة مساهمة |
| Frauenarbeit, die | عمل المرأة |
| Kinderarbeit, die | عمل الأطفال |
| Urbanisierung, die | التحضّر / مشروع إنساني |
| Gewerkschaft, die | اتحاد |
| Arbeiterbewegung, die | الحركة العمالية |
| kommunistisches Manifest, das | البيان الشيوعي |
| kirchliche Einrichtung, die | مؤسسة كنائسية |
| Hilfsmaßnahme, die | تدابير مساعدة |
| Unternehmer, die | رجال الأعمال، مقاولون |
| Reichsgründung, die | تأسيس الإمبراطورية |
| Sozialisten, die | الإشتراكيون |
| Emanzipation, die | الاتحرير، العتاق |
| Kongress, der | مجلس النواب / مؤتمر |
| Bündnis, das | تحالف، إئتلاف |
| Kolonie, die | مستعمرة |
| Wettrüsten, die | سباق التسلح |
| Großmächte, die | القوى العظمى |

## 6.6 Geschichte — التّاريخ

### 6.6 9. Klasse — الصف السابع

|  |  |
|---|---|
| Dorf, das | قرية |
| Imperium, das | إمبراطورية / سيطرة، هيمنة |
| Grundzüge, die | ميزات |
| republikanische Ordnung, die | أمر جمهوري |
| altrömische Familie, die | أسرة رومانية قديمة |
| Wertvorstellungen, die | القيم |
| Expansion, die | توسّع |
| innere Konflikte, die | صراعات داخلية |
| Kaiserzeit, die | الإمبراطورية |
| römisches Reich, das | لإمبراطورية الرومانية |
| Mittelmeerwelt, die | عالم البحر الأبيض المتوسط |
| Spätantike, die | أواخر العصور القديمة |
| Zwangsstaat, der | الدولة القسرية |
| Christenverfolgung, die | اضطهاد المسيحيين |
| Germanen, die | الجرمان، الألمان |
| Ausbreitung des Islam, die | انتشار الإسلام |
| Stadtherr, der | رجل المدينة |
| Markt, der | سوق |
| Zunft, die | نقابة |
| unterständische Gruppen, die | مجموعة خاضعة لنقابة |
| Fürst, der | أمير |
| Territorialgewalt, die | العنف الإقليمي |
| Frühkapitalismus, der | الرأسمالية المبكرة |
| Leben und Lehre | حياة وتعاليم |
| Judentum, das | اليهودية |

## Geschichte | التّاريخ | 6.1

|  |  |
|---|---|
| Christentum, das | المسيحية |
| Herrschaft, die | سيادة، حكم |
| imperiale Politik, die | سياسة امبراطورية |
| Kaiserkrönung, die | تتويج القيصر |
| Reichsstaat, der | دولة امبراطورية |
| große Pest, die | الطاعون الضخم |
| Folgen, die | نتائج، عواقب |
| Individualität, die | فردية / شخصية |
| Anatomie, die | علم التشريح |
| Astronomie, die | علم الفلك |
| Seeweg, der | طريق بحري |
| Entdeckung Amerikas, die | اكتشاف أميركا |
| Zerstörung der Kulturen, die | تدمير الثقافات / تدمير المحاصيل |
| Misstände in der Kirche, die | الشكاوى / المظالم في الكنيسة |
| Auseinandersetzung, die | نزاع، خلاف |
| Bauernkriege, die | حروب الفلاحين |
| Reformation, die | الإصلاح |
| Konfessionalisierung, die | تعاليم أصول الاعتراف (عند المسيحيين) |
| Urkatastrophe, die | الكارثة المنوية |
| Schuldfrage, die | مسألة الذنب |
| Dimension, die | بعد، مقاس |
| Anfänge, die | بيانات |
| Weltsystem, das | النظام العالمي |
| Weltmacht, die | قوة عالمية |
| Völkerbund, der | عصبة الأمم |
| Neuordnung, die | إعادة تنظيم |

## 6.6 Geschichte — التَاريخ

|  |  |
|---|---|
| Zusammenbruch, der | انهيار |
| Übergang, der | انتقال، مرحلة انتقالية |
| Wahlrecht, das | حق الإقتراع، حق التصويت |
| Diktatur, die | الديكتاتورية، الإستبدادية |
| Aufstieg, der | صعود، ارتقاء |
| Nationalismus, der | القومية، النزعة القومية |
| Führer, der | قائد، زعيم |
| Volk, das | شعب |
| Rassen, die | سلالات |
| Gleichshaltung, die | موقف المساواة |
| Machtergreifung, die | الإستيلاء على السلطة |
| Außenpolitik, die | السياسة الخارجية |
| Entfesselung, die | إطلاق العنان |
| Austritt, der | خروج، انسحاب |
| Sudetenfrage, die | أهل سوديتلاند |
| Aufteilung, die | انقسام |
| Vernichtung, die | إبادة جماعية |
| Völkermord, der | إبادو قوم من البشر |
| Kriegsziele, die | أهداف الحرب |
| Holocaust, der | المحرقة |
| Expansion, die | توسع |
| Koalition, die | إئتلاف |
| Zerschlagung, die | تحطيم، سحق |
| Kapitulation, die | استسلام |
| Bilanz, die | الميزانية العمومية |
| Zerstörung, die | دمار، تدمير |
| Einigung, die | اتفاق |

# Geschichte | التّاريخ | 6.6

| | |
|---|---|
| Integration, die | تكامل، إدماج |
| Epoche, die | حقبة، عهد، فترة |
| Verträge, die | عقود |
| Vertriebene, die | نازحون |
| Bewegung, die | حركة |
| Entwicklung, die | تطور، تنمية |
| Ausbau, der | تمديد، امتداد، إطالة |
| Sicherung, die | دعم، تأمين |
| Partizipation, die | اشتراك، مشاركة |

## 6.7 Geschichte — التّاريخ

| Oberstufe Einführungsphase 1 | |
|---|---|
| المستوى المتقدم | |
| gesellschaftliche Ordnung, die | النظام الإجتماعي |
| Imperium, das | إمبراطورية / سيطرة / غطرسة |
| politische Ordnung, die | النظام السياسي / دولة |
| Romanisierung, die | صيره رومانياً |
| Wechselwirkung, die | تفاعل |
| christliche Kulturen, die | ثقافات مسيحية |
| nichtchristliche Kulturen, die | ثقافات غير مسيحية |
| politische Gestalt, die | شكل سياسي / شخصية سياسية |
| Hochmittelalter, das | العصور الوسطى العالية |
| Dualismus, der | ثنائية |
| geistliche Gewalt, die | القوة الروحية، العنف الروحي |
| Menschenbild, das | صورة الإنسان |
| Kreuzzug, der | حملة صليبية |
| Niedergang, der | هبوط، انخفاض، تراجع |
| Heer, das | جيش |
| Integration, die | تكامل، إدماج |
| Ausgrenzung, die | إبعاد، إقصاء / استبعد |
| Reichseinheit, die | وحدة الرايخ |
| Mönchtum, das | الحياة الرهبانية، رهبنة |
| Kloster, das | دير |
| Unterschicht, die | لطبقات الدنيا |
| Randgruppe, die | مجموعة هامشية |
| Abendland, das | الغرب |
| Auf- und Umbruch, der | التوسع والتغيير |
| Renaissance, die | نهضة |

# Geschichte — التّاريخ | 6.6

|  |  |
|---|---|
| Humanismus, der | الإنسانية |
| Theorie, die | نظرية |
| Kunst, die | الفن |
| Wissenschaft, die | العلم |
| Eroberung die | احتلال، استيلاء، غزو |
| Reformation, die | إصلاح |
| Konfession, die | طائفة، مذهب، فئة |
| Rezeption, die | استقبال |
| Bauernkriege, die | حرب الفلاحين |
| Volkskultur, die | ثقافة شعبية |
| Staat und Untertan | الدولة والخاضعون له |
| Vielfalt, die | تنوع، تعدد، اختلاف |

## Oberstufe Qualifikationsphase

|  |  |
|---|---|
| Veränderungsprozess, der | عملية التغيير |
| Radikalisierung, die | تطرف |
| Militärregierung, die | حكومة عسكرية |
| Moderniesierung, die | التحديث |
| Nationalbewusstsein, das | الوعي الوطني |
| Einzelstaaten, die | دول منفردة |
| Außenpolitik, die | السياسة الخارجية |
| Fortschritt, der | تقدم |
| Rückschritt, der | تراجع، تقهقر |
| Entstehung, die | تشكيل، تكوين |
| Verfassung, die | دستور |
| Ideologie, die | أيدلوجيا، عقيدة، تفكير |
| Wirklichkeit, die | الواقع، الحقيقة |

## 6.7 Geschichte — التّاريخ

|  |  |
|---|---|
| Propaganda, die | دعاية |
| Minderheiten, die | أقليات |
| Prozess, der | عملية، أسلوب، تطور |
| Stabilisierung, die | استقرار، توازن، رسوخ |
| Einbindung, die | تكامل، إدماج |
| Faschismus, der | الفاشية |
| Marsch, der | مسيرة، زحف |
| Umbau, der | تحويل، تحول |
| Modell, das | نموذج |
| Leitlinien, die | مبادئ توجيهية |
| Genese, die | تكون، تولد، نشوء |
| Typologie, die | دراسة الرموز، علم / نظرية الأنماط |
| Eintritt, der | دخول |
| Kooperation, die | تعاون |
| Strategien, die | استراتيجية، علم الخطط الحربية |
| Koalition, die | إئتلاف |
| Tendenz, die | اتجاه، ميل، نزعة |
| Untergang, der | سقوط، انهيار |
| Terror, der | إرهاب |
| Durchsetzung, die | تطبيق، تنفيذ |
| Bipolarität, die | القطبية الثنائية |
| Dimension, die | بعد، مقاس |
| Modernität, die | حداثة |
| Restauration, die | ترميم، إعادة، حياء |
| Wirtschaftswachstum, der | نمو إقتصادي |
| Dilemma, das | معضلة، ورطة، مأزق |
| Obrigkeit, die | السلطات |
| Spannungsfeld, das | مجال التوتر |
| Migration, die | هجرة |

| Geschichte | التاريخ | 6.7 |

| | |
|---|---|
| Assimilation, die | استيعاب، إدماج |
| Völkerwanderung, die | هجرة جماعية |
| Verfolgter, der | مضطهد |
| Geschlechterbeziehung, die | العلاقة بين الجنسين |

# Kunst
فن

| | | |
|---|---|---|
| 7.1 | Kunst | فن |
| 7.2 | Farbe | لون |
| 7.3 | 5. Klasse | الصف الخامس |
| 7.4 | 7. Klasse | الصف السابع |
| 7.5 | 9. Klasse | الصف التاسع |

# 7.1 Kunst

## فن

|  |  |  |
|---|---|---|
| Atelier, das | أَتَلْيَار | مشغل، مرسم، ورشة |
| Ausstellung, die | أُوسِشْتَلُّنڠ | معرض، عرض |
| Bilderhauerei, die | بِلدَهَوَّرَيْ | فن النحت |
| Detail, das | دِطَيل | تفاصيل |
| Farbe, die | فَربَ | لون |
| Form, die | فُورم | شكل، شخصية |
| Galerie, die | ڠَلَري | صالة عرض، رواق |
| Gestaltung, die | ڠَشطَلتُنڠ | تشكيل، صياغة |
| Kreativität, die | كرِيَتِوِتِت | إبداع، ابتكار |
| Kunst, die | كُنست | فن |
| Kunstwerk, das | كُنستوَرك | عمل فني، لوحة فنية |
| Malerei, die | مَالَرَي | فن الرسم، لوحة |
| Mosaik, der | مُزَئك | فسيفساء |
| Pinsel, der | بِنزَل | فرشاة |
| Portrait, das | بُرترِي | صورة |
| Sammlung, die | زَملُنڠ | مجموعة، تجميع |
| Skizze, die | سكِتسَ | تصميم، رسم تخطيطي |
| Skulptur, die | سكُلبتُور | نحت، منحوتة، تمثال |
| Allgemeines, Lexika | | مواضيع عامة، موسوعات |
| Kunstgeschichte | | تاريخ الفن |
| Bildende Kunst | | الفنون الجميلة، الفنون البصرية |
| Architektur | | هندسة معمارية |
| Innenarchitektur, Design | | العمارة الداخلية والتصميم |

## 7.2 Kunst
### لون

|  |  |  |
|---|---|---|
| abfärben adj. | أب فاربن | تلاشاللون،تخطى |
| blass adj. | بلاسّ | شاحب |
| blau adj. | بلاو | أزرق |
| bunt adj. | بونت | ملون،مشكل |
| dunkel adj. | دونكل | قاتم،غامق،مظلم |
| dunkelblau adj. | دونكل بلاو | أزرقغامق |
| Farbe, die | دي فاربهْ | لون |
| gelb adj. | غلب | أصفر |
| glänzend | غلانتساند | لامع،مشرق،ساطع |
| golden adj. | غولدن | ذهبيّ |
| grau adj. | غراو | رمادي |
| grün adj. | غرُون | أخضر |
| hell adj. | هيلّ | فاتح،شفاف، تمامًاالوضوح |
| himmelblau adj. | هيمّل بلاو | أزرقسماوي |
| orange adj. | أورانج | برتقالي |
| pistaziengrün adj. | بيستاتسيَنْ غرُون | أخضرفستقي |
| rosa-rot adj. | روزا روت | أحمرورديّ |
| rot adj. | روت | أحمر |
| sandfarben (beige) adj. | زاند فاربن) باج( | لونالرمل،مصفرّ |
| schwarz adj. | شفارتس | أسود |
| silber adj. | زلبر | فضيّ |
| türkis adj. | تُوركيس | فيروزي |
| violett adj. | فِيُوليت | بنفسجي |
| weiss adj. | فايس | أبيض |

## 7.3 5. Klasse
الصف الخامس

| | |
|---|---|
| Mode, die | أزياء، موضة |
| Frisuren, die | تسريحات الشعر |
| Modellieren symbolischer Gegenstände, das | نماذج من أشياء رمزية |
| Inszenieren der eigenen Person, das | طريقة عرض مسرحية أو غيرها من أداء درام |
| gemeinsam gestalten | صمما سوياً |
| Konzeptentwicklung, die | مفهوم التنمية، تطوير المفهوم |
| Raumillusion, die | الوهم المكاني، وهم الأبعاد |
| Isometrie, die | تساوي الأبعاد |
| geometrische Grundkörper, der | شكل هندسي أساسي |
| Zeichnen von Linien, das | رسم الخطوط |
| Fläche, die | مساحة |
| Raum, der | فراغ / مكان |
| farbliche Gestaltung, die | تصميم اللون |
| Druckvorlagen, die | قوالب الطباعة |
| Embleme, die | شعارات |
| Logos, die | شعارات |
| Keramik herstellen, die | صناعة الخزف |
| Gestaltung von Fotos, die | تصميم الصور |
| Perspektive, die | منظور |
| Ausschnitt, der | خط الرقبة، قصاصة، تقليم |
| Schnitt, der | قطع، فص، قسم |
| Zoom, der | التكبير |

| 7.3 | Kunst | فن |

| | |
|---|---|
| visuelle Eindrücke, die | انطباعات بصرية |
| Bildbetrachtung, die | عرض الصور، مشاهدة الصور |

## 7.4 7. Klasse
### الصف السابع

| | |
|---|---|
| Gestaltung einer Website, die | تصميم موقع على شبكة الإنترنت |
| eigene Symbole, die | رموز خاصة |
| Selbstporträt, das | الصورة الذاتية |
| Fotomontage, die | تركيب الصورة |
| Räumlichkeiten, die | غرف، أماكن، مباني |
| Luft- und Farbperspektive, die | الهواء ومنظور اللون |
| Frosch- und Vogelperspektive, die | الضفدع ووجهة نظر الطيور |
| Farbmodellierung, die | تصميم اللون |
| Raumlinien, die | خطوط الفضاء، خطوط واضحة |
| Spiegelung, die | انعكاس |
| Licht, das | ضوء، نور، إضاءة |
| Schatten, der | ظل، شبح، خيال |
| Glanzlichter, die | يسلط الضوء على، أكثر إشراقاً |
| Unschärfe, die | غموض، تشويش |
| Verzerrung, die | تشويه، تحريف |
| Schraffieren, das | فقس، تفريخ |
| Bilderwelten, die | عالم الصورة |
| Farbanalyse, die | تحليل اللون |
| Klonen, das | استنساخ |
| Fotomontage, die | تركيب الصورة |
| Retusche, die | تنقيح، إعادة لمس، تنميق |
| übermalen | أعاد الطلاء |
| Abbild, das | صورة، تصور |
| Bildanalyse, die | تحليل الصور |
| visuelle Botschaft, die | رسالة بصرية |
| Fotolabor, das | مختبر الصور، مخبر الصور |

# Kunst | فن 7.5

## 7.5
## 9. Klasse
### الصف التاسع

|  |  |
|---|---|
| Selbstvorstellung: siehe HS (Idole, Vorlieben, Lieblingsdinge,...) | التعريف عن نفسه، التصور الشخصي (مثاليات، أفضليات، أشياء مفضلة) |
| malen nach Musik | الرسم على أنغام الموسيقى |
| Stimmungen und Gefühle darstellen, die | تمثيل الحالة المزاجية والمشاعر |
| zeichnerisches Erkunden von Ideen, das | البحث عن الأفكار من الرسومات الفنية |
| Zeichnen von Bewegungen, das | رسم الحركات |
| Umgang mit Werkzeugen, der | التعامل مع الأدوات، استخدام الأدوات |
| Durchführung, die | التنفيذ |
| Anfertigen von Ideenskizzen, das | صنع الرسومات العقائدية |
| räumliche Darstellung, die | تمثيل المكان |
| Raumtiefe, die | عمق الفضاء |
| Bildaufbau, der | تركيب / تكوين الصورة / تصميم الشاشة |
| Proportion, die | نسبة |
| Hintergrund, der | الخلفية |
| Höhenunterschiede, die | الاختلافات في الارتفاع |
| Transparenz, die | شفافية |
| Überschneidung, die | تداخل، تراكب، تشابك |
| einfache Bildauschnitte, die | تصغير بسيط للصور |
| abzeichnen | وضع علامة، حدد، أشر |

## 7.5 Kunst — فن

|  |  |
|---|---|
| Bildanalyse, die | تحليل الصورة |
| Bildverwandlung, die | تحويل الصورة، تغيير الصورة |
| Bildbearbeitungsprogramm, das | مجموعة من البرامج التي تسمح للكومبيوتر بأداء مهام معينة |
| visuelle Botschaft, die | رسالة بصرية |
| Materialauswahl, die | اختيار المواد |
| Materialumgang, der | التعامل مع المواد |
| Konstruktion, die | بناء، تصميم، إنشاء |
| Kooperationsfähigkeit, die | القدرة على التعاون |
| farbiges Gestalten | شخصيات ملونة، أشكال ملونة |
| plastische Materialien, die | مواد بلاستيكية |
| phantastische Bauten, die | مبانٍ رائعة |
| Türme, die | أبراج |
| Tore, die | بوابات |
| Grabmäler, die | مقابر، أضرحة |
| Wohnstätten, die | تجمعات سكنية |
| Landschaftsarchitektur, die | هندسة المناظر الطبيعية |
| Freizeitparks, die | متنزهات، حدائق عامة |

# Kunst  فن 7.4

# Mathematik
## رياضيات

| | | |
|---|---|---|
| 8.1 | Länge, Umfang und Größe | الطول،المحيطوالحجم |
| 8.2 | Kardinalzahlen | الأعدادالأصلية |
| 8.3 | Ordinalzahlen | عددأصلي |
| 8.4 | Form, die | شكل،هيكل،نموذج |
| 8.5 | 5. Klasse | الصف الخامس |
| 8.6 | 6. Klasse | اصف السادس |
| 8.7 | 7. Klasse | الصف السابع |
| 8.8 | 8. Klasse | الصف الثامن |
| 8.9 | 9. Klasse | الصف التاسع |
| 8.10 | Oberstufe | المستوى المتقدم |
| 8.11 | Einführungsphase | المستوى المتقدم |
| 8.12 | Qualifikationsphase | |

# Mathematik — رياضيات | 8.1

## 8.1 Länge, Umfang und Größe
### الطول، المحيط والحجم

|  |  |
|---|---|
| Breite, die | العرض |
| Dutzend, das | إثنا عشر |
| Entfernung, die | مسافة، بعد |
| Fläche, die | مساحة |
| Fülle, die | وفرة، غزارة، ثروة |
| Gewicht, das | وزن |
| Größe (Umfang), die | حجم (محيط)، جسامة |
| Größe, die (Höhe) | علوّ (ارتفاع)، تزايد |
| Hektar, der + das | هكتار |
| Höhe, die | ارتفاع |
| Höhepunkt, der | ذروة، قمة |
| Kilogramm, das | كيلوغرام |
| Länge, die | طول |
| Maß, das | قياس، مقياس |
| Menge, die | كمية |
| Prozent, das | في المائة، بالمائة |
| prozentual adj. | نسبة مئوية، مئوية |
| Quadrat, der | المربع |
| Stück, das | قطعة، وحدة |
| Summe, die | مجموع |
| Teil, das | جزء، قسم |
| Volumen, das | حجم |
| Zahl, die | رقم، عدد |

# Der Schmuck — رياضيات

## 8.2 Kardinalzahlen — الأعداد الأصلية

| | |
|---|---|
| 0 | صفر |
| 1 | واحد |
| 2 | إثنان |
| 3 | ثلاثة |
| 4 | أربعة |
| 5 | خمسة |
| 6 | ستة |
| 7 | سبعة |
| 8 | ثمانية |
| 9 | تسعة |
| 10 | عشرة |
| 11 | أحد عشرة/أحد عشر |
| 12 | إثنا عشر |
| 13 | ثلاثة عشر |
| 14 | أربعة عشر |
| 15 | خمسة عشر |
| 16 | ستة عشر |
| 17 | سبعة عشر |
| 18 | ثمانية عشر |
| 19 | تسعة عشر |
| 20 | عشرون |
| 21 | واحد و عشرون |

Der Schmuck | رياضيات | 8.3

## 8.3 Ordinalzahlen
### الأعداد الترتيبية

|  |  |
|---|---|
| Erste/r | أول/أولى |
| Zweite/r | ثاني/ثانية |
| Dritte/r | ثالث/ثالثة |
| Vierte/r | رابع/رابعة |
| fünftens | خامساً |
| sechstens | سادساً |
| siebtens | سابعاً |
| achtens | ثامناً |
| neuntens | تاسعا |
| zehntens | عاشر/عاشراُ |
| Kardinalzahl, die | عدد أصلي |
| einhalb | نصف |
| ein Drittel | ثلث |
| ein Viertel | ربع |
| ein Fünftel | خمس |
| ein Sechstel | سدس |
| ein Siebtel | سبع |
| ein Achtel | ثُمن |
| ein Neuntel | تُسع |
| ein Zehntel | عُشر |
| mehr als | أكثر من |
| weniger als | أقل من |
| Hälfte, die | النصف |

## 8.4 Form, die
### شكل، هيكل، نموذج

|  |  |
|---|---|
| Gestalt, die | شكل، هيئة |
| Kreis, der | دائرة |
| rund adj. | دائري، مدور |
| Linie, die | خط، سطر |
| Quadrat, das | المربع |
| Bogen, der | قوس |
| Rechteck, das | مستطيل |
| Dreieck, das | مثلث |
| Kante, die | حافة |
| waagerecht adj. | أفقي |
| senkrecht adj. | عمودي |
| Ecke, die | ركن، زاوية |
| schmal adj. | ضيق، نحيل |
| gerade adj. | مستقيم |
| Halbkreis, der | نصف دائرة |
| schief adj. | مائل، منحنٍ، منحرف، أعوج |
| formlos adj. | لاشكلي، مشوه، غير منظم |
| oval adj. | بيضوي |
| parallel adj. | موازٍ، بالتوازي |
| Punkt, der | نقطة |
| Winkel, der | زاوية |
| gerade adj. | مستقيم، مباشر |

# Mathematik | رياضيات 8.5

## 8.5 5. Klasse — الصف الخامس

|  |  |
|---|---|
| Zahlendarstellung, die | تمثيل الأعداد |
| Zahlenraum, der | مكان / فسحة الأعداد |
| Milliarde, die | مليار |
| große Zahlen lesen und schreiben | قراءة وكتابة الأعداد الكبيرة |
| Anordnung der Zahlen, die | ترتيب الأعداد / الأرقام |
| Runden von Zahlen, das | الأرقام التقريبية |
| Rechnen mit natürlichen Zahlen, das | الحساب مع الأعداد الطبيعية |
| Addition, die | الجمع |
| Subtraktion, die | الطرح |
| Multiplikation, die | الضرب |
| Division, die | القسمة |
| Begriffe, die: | مصطلحات |
| Summe, die | عملية الجمع |
| Differenz, die | فرق |
| Faktor, der | عامل، عنصر |
| Produkt, das | إنتاج |
| Quotient, der | الحاصل |
| Kommutativgesetz, das | قانون تبادلي |
| Rechnen mit Klammern, das | الحساب مع أقواس |
| Distributivgesetz, das | قانون التوزيع |
| Rechengesetze, die | قوانين حسابية |
| Klammer, die | أنشوطة، عروة |
| Punkt- vor Strichrechnung, die | نقطة قبل الجمع والطرح |
| Sachaufgaben, die | مهام ملموسة |

## 8.5 Mathematik — رياضيات

| | |
|---|---|
| Kopfrechnen, das | الحساب الذهني |
| Mathematisieren von Sachaufgaben, das | تطبيق الرياضيات على المهام المختلفة |
| Handhabung von Lineal und Geodreieck, die | التعامل مع المسطرة والمنقلة |
| Parallelität, die | موازاة |
| Abstand, der | بعد، مسافة |
| Quadrat, das | مربع |
| Rechteck, das | مستطيل |
| Messen und Berechnen des Umfangs, das | قياس وحساب المحيط |
| Flächeninhalt, der | مساحة سطحية |
| Maßeinheit, die | وحدة القياس |
| Würfel, der | مكعب |
| Quader, der | مربع |
| Kartenmodelle, die | نموذج من كرتون |
| Netze, die | شبكات |
| Ecke, die | زاوية |
| Kante, die | حافة |
| Fläche, die | سطح، مساحة |
| Falten, das | تجاعيد |
| Ausschneiden, das | قطع |
| Messen, das | قياس |
| Größenbereiche, die | مقام / رتبة الحجم |
| Geldwerte, die | قيمة مالية |
| Längen, die | أطوال |
| Gewichte, die | أوزان |
| Zeitspannen, die | فترات زمنية |
| Maßstab, der | مقياس، مقياس مدرج |

# Mathematik — رياضيات 8.6

## 8.6 6. Klasse
**الصف السادس**

|  |  |
|---|---|
| Natürliche Zahlen | الأعداد الطبيعية |
| ordnen | رتّب، نظّم |
| Zahlenstrahl, der | خط الأعداد |
| runden | تدوير الرقم |
| vergleichen | قارن |
| Größenordnung, die | حجم، جسامة، أهمية |
| Zahlenraum, der | المسافة بين الأعداد |
| Grundrechenarten, die | الحساب الأساسي |
| Rechengesetze, die | قوانين العمليات الحسابية |
| Addition, die | عملية الجمع |
| Substraktion | عملية الطرح |
| (siehe RS: Division, Gleichung,..) | (... أنظر: القسمة، المساواة) |
| Teilbarkeit, die | قابلية القسمة |
| Teilermenge, die | فاصل / قاسم الحجم |
| Quersumme, die | المجموع بين القطاعات، المجموع المعترض |
| Geometrie, die | علم الهندسة |
| Quader, der | مربع |
| Würfel, der | مكعب |
| Zylinder, der | أسطوانة |
| Kegel, der | مخروط |
| Kugel, die | كرة |
| Kanten, die | حواف، أطراف |
| Fläche, die | مساحة |
| Rechteck, das | مستطيل، قائم الزاوية |
| Raute, die | معيّن |

## 8.6 Mathematik — رياضيات

|  |  |
|---|---|
| Dreieck, das | مثلث |
| Figuren, die | أرقام، أشكال |
| Geodreieck, das | مثلث مختص بالأرض |
| Zirkel, der | دائرة |
| Strecke, die | مسافة |
| Halbgerade, die | نصف خط |
| Krümmung, die | انحناء |
| Parallelogramm, das | متوازي الاضلاع |
| Wandfläche, die | مساحة الجدار |
| Koordinatensystem, das | نظام الإحداثيات |
| Winkel, der | زاوية |
| Flächen, die | سطوح |
| Volumen, das | حجم |
| Wänden, die | جدران |
| Möbel, die | أثاث |
| Verpackungen, die | التعبئة والتغليف |
| Oberflächeninhalt, der | مساحة السطوح |
| Sachrechnen, das | الحاسبات الملموسة |
| messen | قاس |
| Einheiten, die | وحدات |
| Längeneinheit, die | وحدة الطول |
| Zeitpunkt, der | وقت |
| Zeitspanne, die | فترة من الزمن |
| Gewicht, das | وزن |
| Gewichtseinheit, die | وحدة الوزن |
| Planung, die | تخطيط، تنظيم |

# Mathematik | رياضيات | 8.7

## 8.7
## 7. Klasse
### الصف السادس

|  |  |
|---|---|
| Zahlbereiche, die | مرتبة الأعداد |
| Größen, die | أحجام |
| Bruchteile, die | كسور، أجزاء، أقسام |
| Brüche, die | كسور |
| Graphik, die | ريم بياني |
| Bruchrechnung, die | جمع الكسور |
| Bruchteil, das | جزء من |
| Anfangswert, der | القيمة الأولية |
| Gleichheit, die | مساواة |
| Nenner, der | المقام |
| Algebra | علم الجبر |
| Dezimalbruch, der | عشري |
| Prozentrechnung, die | حساب النسبة المئوية |
| Figuren, die | أرقام |
| Achse, die | محور |
| Punktspiegelung, die | نقطة الإنعكاس |
| Drehung, die | دوران |
| Muster, das | نموذج، مسطرة، نمط |
| drehen | أدار، انعطف |
| Maße, die | كتلة |
| symmetrische Figuren, die | أرقام متناظرة |
| Gerade, die | المستقيم |
| Umfang, der | محيط |
| Mittelwert, der | قيمة وسطية |
| Diagramme, die | رسوم بيانية |
| Ereignis, das | حدث |

interkulturaverlag.de

## 8.7 Mathematik — رياضيات

|  |  |
|---|---|
| Tabelle, die | جدول |
| Koordinatensystem, das | نظام الإحداثيات |
| Produkt, das | إنتاج، منتوج |
| Dreisatz, der | نظام الثلاث |
| Graphik, die | رسم بياني |
| Taschenrechner, der | آلة حاسبة |
| Kalkulation, die | حساب، إحصاء، تقدير |
| Modelle, die | نماذج |
| Kreis, der | دائرة |
| Gerade, die | المستقيم |
| Sehne, die | وتر |
| Sekante, die | القاطع |
| Tangente, die | المماس |
| Umfang, der | المحيط |
| Durchmesser, der | قطر |
| Konstruktion, die | بناء، إنشاء |
| Viereck, das | مربع، رباعي الزوايا |
| Statistik, die | إحصائيات |
| Skala, die | مقياس، سلم، جدول |
| Analyse, die | تحليل |
| Lagemaße, die | قياسات الموقع |
| Gesamtheit, die | مجموعة، فريق |

# Mathematik   رياضيات | 8.8

## 8.8
## 8. Klasse
### الصف الثامن

|  |  |
|---|---|
| Algebra | علم الجبر |
| Funktion, die | وظيفة، مهمة |
| Formel, die | صيغة، معادلة |
| Anwendung, die | تطبيق، استخدام |
| Graph, der | رسم بياني |
| Nullstelle, die | صفر |
| Zinsformel, die | صيغة الفائدة |
| Zahlbereich, der | مرتبة الأرقام |
| Quadrat, das | مربع |
| Wurzel, die | جذر |
| Netz, das | شبكة |
| Steckenlänge, die | صيغة الفائدة |
| Ähnlichkeit, die | تشابه |

## 8.9
## 9. Klasse
### الصف التاسع

|  |  |
|---|---|
| Ergänzung, die | تتمة، ملحق، تكملة |
| Sachprobleme, die | قضايا الملكية |
| Gleichung, die | معادلة |
| Substitution, die | الإحلال، إستبدال |
| Aufbau, der | هيكل، بنية |
| Anwendung, die | تطبيق، استخدام |
| vertiefen | تعّمق |

## 8.9 Mathematik — رياضيات

| | |
|---|---|
| vernetzen | تشابك |
| Technik, die | تقنية |
| Seitenriss, der | مسقط جانبي، مقطع جانبي |
| Schrägbild, das | صورة مائلة / منحرفة |
| Formel, die | صيغة، معادلة |
| Einehit, die | وحدة |
| Sinus | جيب |
| Kosinus | تجب |
| Projektion, die | إسقاط |
| Berechnung, die | حساب |
| Vielecken, die | المضلعات |
| Perspektive, die | منظور، وجهة نظر |
| Stochastik, die | مؤشر الستوكاستك |
| Additionsregel, die | قاعدة الجمع |

### Oberstufe Einführungsphase 1 — المستوى المتقدم

| | |
|---|---|
| Analysis | تحليل |
| Funktion, die | وظيفة، مهمة |
| Menge, die | كمية |
| Funktionssystem, das | نظام فني، نظام الوظيفة |
| Wertetabelle, die | جدول القيم |
| Zerfallsprozess, der | عملية الاضمحلال |
| Logarythmen, die | اللوغاريتم |
| Gebrauch des Taschenrechners, der | استعمال الآلة الحاسبة |
| Datenmaterial, das | مادة البيانات |
| Bogenmaß, das | التقدير الدائري |
| Stecken | اللصق |
| Stauchen | الضغط |

# Mathematik — رياضيات  8.10

|  |  |
|---|---|
| Verschieben | زحزح |
| Grafen, die | التعويل |
| Ableitung, die | إشتقاق، مشتق |
| Funktion an einer Stelle, die | الوظيفة في مركز |
| Ableitungsfunktion, die | وظيفة الإشتقاق |
| Faktorregel, die | مراقبة العوامل |
| Kriterien, die | معايير |
| Kurvendiskussion, die | مناقشة المنحنيات |
| Ableitung, die | مشتق، إشتقاق |
| Symmetrie, die | تناظر، تماثل |
| Monotonie, die | رتابة |
| Krümmungsverhalten, das | موضوع الانحناء |
| Mittelwertbildung, die | حساب القيمة الوسطى |

## Oberstufe Qualifikationsphase

|  |  |
|---|---|
| Integralrechnung, die | حساب التفاضل والتكامل |
| Berechnung von Flächen, die | حساب المناطق، حساب المجالات |
| Grenzprozess, der | عملية الحد من |
| Summation, die | عملية الجمع |
| Anwendung, die | تطبيق، استعمال |
| Stammfunktion, die | وظيفة رئيسية |
| Verknüpfung, die | إرتباط، وصلة |
| Kettenregel, die | قاعدة السلسلة |
| Funktionsutersuchung, die | التحقق من الوظيفة، التأكد من العمل |
| Vertiefung der Differentialrechnung, die | تعمق حساب التفاضل والتكامل |

## 8.11 Mathematik — رياضيات

|  |  |
|---|---|
| Algebra | علم الجبر |
| Vektoren, die | كميات موجهة |
| Gerade, die | المستقيم |
| Ebene, die | مستوى |
| Parameter, die | بارامتر، كمية متغيرة القيمة |
| Gleichungssystem, das | نظام المعادلات |
| Abstandsbestimmung, die | تحديد المسافة |
| Skalaprodukt, das | ناتج الجدول |
| Lösungsverfahren, das | طريقة / أسلوب الحل |
| Lösungsmenge, die | كمية الحل |
| Matrix, die | قالب، صمولة |
| Matrizen, die | المصفوفات |
| Anwendung, die | تطبيق، إستعمال |
| Stochastik, die | مؤشر الستوكاستك |
| Zufallsexperiment, das | تجربة عشوائية |
| Häufgkeit, die | تردد، تكرار |
| Summe, die | مجموع |
| Produkt, das | نتاج، إنتاج، منتوج |
| Additionssatz, der | معدل إضافي |
| Zählprobleme, die | مشاكل الاحتساب |
| Varianz, die | فرق، تفاوت، تباين |
| Werte, die | قيم |
| Verteilung, die | توزيع |
| Hypothese, die | فرضية، إفتراض |
| Pfadregel, die | قاعدة المسار |
| Stichprobe, die | عينة، نموذج |
| Dichte, die | كثافة |
| Näherungsformel, die | صيغة تقريبية |

# Mathematik — رياضيات — 8.11

|  |  |
|---|---|
| Annahmebereich, der | منطقة القبول |
| Potenzreihe, die | مجموعة القوى |
| Kegelschnitt, der | مخروطي |
| Determination, die | تقرير، تصميم، تحديد |
| Affine Abbildung, die | توضيح متجانس |
| Beweisverfahren, das | وسيلة مضمونة، أسلوب إختبار |
| komplexe Zahlen, die | أعداد مركبة |

# Presse und Kommunikation
وسائل الإعلام

| | | |
|---|---|---|
| 9.1 | Das Fernsehen | التلفيزيون |
| 9.2 | Die Zeitung | جريدة |
| 9.3 | Die Presse | الصحافة |
| 9.4 | Die Post | البريد |
| 9.5 | Das Buch | كتاب |
| 9.6 | Der Rundfunk | راديو،إذاعة |
| 9.7 | Soziale Netzwerken | شبكة التواصل الإجتماعي |
| 9.8 | Das Telefon | الهاتف |

# Presse und Kommunikation | وسائل الإعلام | 9.1

## 9.1 Das Fernsehen
### التلفزيون

|  |  |
|---|---|
| zurückspulen | إعادة لف الشريط |
| abspielen | الاستماع ثانية |
| aufnehmen | سجل |
| Stopptaste, die | زر الإيقاف |
| Pausetaste, die | زر الإيقاف المؤقت |
| vorspulen | إعادة اللف بسرعة |
| umschalten | التحول إلى، الانتقال إلى |
| Videospiel, das | لعبة الفيديو |
| Fernsehen, der | جهاز التلفاز |
| Digitalempfänger, der | الإستقبال الرقمي |
| DVD-Player, der | جهاز دي في دي |
| DVD, die | دي في دي |
| Satellitenschüssel, die | طبق الأقمار الصناعية |
| Kabelfernsehen, das | تلفاز عن طريق شريط كهربائي |
| Free-TV, das | تلفاز مجاني |
| Bezahlfernsehen, das | تلفاز الدفع مقابل المشاهدة |
| fernsehen | شاهد التلفاز |
| Fernsehserie, die | مسلسل تلفزيوني |
| zappen | المحاكاة الصوتية التي تنتج صوتاً كا لضرب |
| Set, das | مجموعة/جهاز |
| Teleprompter, der | الملقن، الملقن الإلكتروني |
| Nachrichtensprecherin, die | مذيعة الأخبار |
| Berichterstatter, der | مراسل صحفي |
| Berichterstatterin, die | مراسلة صحفية |
| Webespot, der | دعاية تجارية |

## 9.1 Presse und Kommunikation — وسائل الإعلام

|  |  |
|---|---|
| Nachrichten, die | أخبار |
| Interview, das | مقابلة |
| Interviewpartner, der | الذي يجري معها المقابلة |
| Reporterin, die | مراسلة |
| Mikrofon, das | مذياع |
| Szene, die | مسرحية، مشهد |
| Schauspieler, der | ممثل |
| Livesendung, die | بثّ مباشر |
| Publikum, das | جمهور |
| Klappe, die | صمام، غطاء |
| Dokumentarfilm, der | فيلم وثائقي |
| Talkshow, die | برنامج حواري |
| Reportage, die | تقرير، تحقيق صحفي |
| Quizshow, die | برنامج اختبر معلوماتك |
| Moderator, der | مقدم البرامج/المذيع |
| Moderatorin, die | مقدمة البرامج/المذيعة |
| Teilnehmer, der | مشترك |
| Dj, der | شخص يشجع ويوجه برنامج موسيقي |
| Tonaufnahme, die | تسجيل الصوت |
| Antenne, die | هوائي |
| Radio, das | مذياع |
| Frequenz, die | تردد |
| Radiosender, der | محطة إذاعية |
| Wetterbericht, der | تقرير جوي |
| Verkehrsnachrichten, die | أخبار حركة المرور |
| Hitparade, die | استعراض ناجح |
| Hörspiel, das | مسرحية إذاعية |
| Liveaufzeichnung, die | تسجيل حيّ، تسجيل مباشر |
| Sendung, die | إرسال، نقل |

# Presse und Kommunikation 9.1

| | |
|---|---|
| senden | أرسل، بعث |
| Langwelle, die | الموجة الطويلة |
| Kurzwelle, die | الموجة القصيرة |

## 9.2
## Die Zeitung
### جريدة

| | |
|---|---|
| die Presse,-n | صحافة |
| die Zeitung,-en | جريدة |
| der Schriftsteller,- | محرّر |
| der Zeitungsschreiber,- | صحفيّ |
| der Journalist,-en | صحفيّ |
| der Zeitungsverkäufer,- | بائع جرائد |
| die Schlagzeile,-n | عنوان بالخط العريض |
| der Artikel,- | مقالة |
| die Spalte,-n | عمود |
| die Nachricht,-en | خبر |
| die Theaterbesprechung | النقد المسرحي |
| das Rundfunkprogramm,-e | برنامج الإذاعة |
| die Presseschau | الجولة في الصحافة |
| die Anzeige,-n | إعلان |
| die Polemik,-en | جدال، مجادلة |
| der Federkrieg | جدال، مجادلة |
| der Staatsanzeiger,- | الصحيفة الرسميّة |
| die Beilage,-n | ملحق |
| das Sonderblatt,-̈er | عدد خاص |
| die Zeitschrift,-en | مجلّة |
| die Wochenschrift | جريدة أسبوعيّة |
| die Monatschrift | جريدة شهريّة |
| die Veröffentlichung | إصدار، نشر |
| die Pressefreiheit | حرية الصّحافة |
| bezaubern | فتن، سحر |

## 9.2 Presse und Kommunikation — وسائل الإعلام

|  |  |
|---|---|
| Abonnement, das | اشتراك |
| Anzeige, die | إعلان، إشعار |
| Artikel, der | مقالة |
| Belage, die | طلبية، تلبيس |
| Bild, das | صورة |
| Boulevardzeitung, die | جريدة إثارة المشاعر |
| großformtige Zeitung, die | جريدة ذات حجم كبير |
| Kolumne, die | عامود |
| Leitartikel, der | افتتاحية |
| Schlagzeile, die | عنوان رئيسي |
| Stellenmarkt, der | سوق العمل، سوق التوظيف |
| Tabloidformat, das | شكل الصحيفة |
| Tageszeitung, die | جريدة يومية |
| Titelseite, die | صفحة عنوان الكتاب |
| Todesanzeige, die | الإعلان عن وفاة، سجلات الوفيات |
| Vorspann, der | انحياز، تحيز |
| Werbeprospekt, der | نشرة إعلانية |
| Wochenzeitung, die | جريدة أسبوعية |

Presse und Kommunikation  9.3

وسائل الإعلام

## 9.3 Die Presse
الصحافة

### Nomen
### الأسماء

| | |
|---|---|
| die Presse,-n | صحافة |
| die Zeitung,-en | جريدة |
| der Schriftsteller,- | محرّر |
| der Zeitungsschreiber,- | صحفيّ |
| der Journalist,-en | صحفيّ |
| der Zeitungsverkäufer,- | بائع جرائد |
| die Schlagzeile,-n | عنوان بالخط العريض |
| der Artikel,- | مقالة |
| die Spalte,-n | عمود |
| die Nachricht,-en | خبر |

### Adjektive
### الصّفات

| | |
|---|---|
| volkstümlich | شعبيّ، شائع |
| literarisch | أدبي |
| ästhetisch | محبّ الجمال |
| dichterisch | شعري |
| episch | ملحمي، حماسي |
| lyrisch | عاطفي، وجدانيّ |
| belehrend | مثقّف، مفيد |
| humoristisch | هزليّ |
| interessant | مشوّق، مهمّ |

## 9.3 Presse und Kommunikation

وسائل الإعلام

| | |
|---|---|
| spannend | مشوّق، مهمّ |
| rührend | مؤثّر، محرّك للعواطف |
| ergreifend | مؤثر، مفجر الدّمع |
| packend | أخّاذ، جذّاب |
| anziehend | جذّاب |
| talentvoll | كلّه موهبة |
| paradox | متناقض |
| beredet | بليغ اللسان، فصيح |
| bilderreich | كثير الصّور والإستعارات |
| farbenreich | ملوّن، متعدّد الألوان |
| malerisch | خلّاب، رائع |
| erhaben | سام، نبيل |
| grotesk | مثير للضّحك |
| phantastisch | خيالي، رائع |
| fabelhaft | عظيم، رائع |
| anschaulich | واضح، جليّ |
| romantisch | رومنتيكي، إبداعي |
| schlicht/einfach | بسيط، ساذج |
| edel | كريم، نبيل |
| vollendet | كامل، متكامل |
| sagenhaft | أسطوري، رائع |
| wunderbar | رائع، بديع |
| alltäglich | يوميّ |
| abgedroschen | مبتذل |
| anstößig | مسيء، مستنكر عليه |
| knapp/gedrängt | وجيز، مقتضب |
| ausführlich | بالتفصيل |
| weiterschweifig | مسهب، مطنب |
| schwülstig | مزخرف |

Presse und Kommunikation · وسائل الإعلام · 9.3

| Verben |
|---|
| الأفعال |

| | |
|---|---|
| abfassen | كتب، نظّم |
| anführen | استشهد بـ، نقل عن |
| auffassen | فهم، أدرك |
| aufsetzen | حرّر، ألّف، كتب |
| bebildern | صوّر، زوّد بالصّور |
| behandeln | عالج |
| belehren | علّم، أفهم |
| belustigen | أضحك |
| beschreiben | وصف (بلداً، شعوراً) |
| besingen | تغنّى، أنشد له أنشودةً |
| betiteln | عنون، وضع عنواناً |
| bezaubern | سحر، فتن |
| dichten | نظّم الشعر |
| drucken | طبع |
| entlehnen von | اقتبس من |
| entwerfen | رسم، صمّم |
| erdichten | اختلق، ابتدع |
| ersinnen | فكّر في، وجد |
| erzählen | قصّ، روى، سرد لـ |
| herausgeben | نشر، أصدر |
| hervorheben | أبرز، نوّه بـ |
| kritisieren | انتقد |
| nachahmen | قلّد، حاكى |
| schaffen | أنشأ، أنتج، حقّق |
| schildern | وصف فلاناً |
| schreiben | كتب، خطّ |
| sich abwenden von | تنحّى عن، أعرض عن |

## 9.3 Presse und Kommunikation — وسائل الإعلام

|  |  |
|---|---|
| spannend | مشوّق، مهمّ |
| rührend | مؤثّر، محرّك للعواطف |
| ergreifend | مؤثّر، مفجر الدّمع |
| packend | أخّاذ، جذّاب |
| anziehend | جذّاب |
| talentvoll | كلّه موهبة |
| paradox | متناقض |
| beredet | بليغ اللسان، فصيح |
| bilderreich | كثير الصّور والإستعارات |
| farbenreich | ملوّن، متعدّد الألوان |
| malerisch | خلّاب، رائع |
| erhaben | سام، نبيل |
| grotesk | مثير للضّحك |
| phantastisch | خيالي، رائع |
| fabelhaft | عظيم، رائع |
| anschaulich | واضح، جليّ |
| romantisch | رومنتيكي، إبداعي |
| schlicht/einfach | بسيط، ساذج |
| edel | كريم، نبيل |
| vollendet | كامل، متكامل |
| sagenhaft | أسطوري، رائع |
| wunderbar | رائع، بديع |
| alltäglich | يوميّ |
| abgedroschen | مبتذل |
| anstößig | مسيء، مستنكر عليه |
| knapp/gedrängt | وجيز، مقتضب |
| ausführlich | بالتفصيل |
| weiterschweifig | مسْهب، مطنب |
| schwülstig | مزخرف |

# Presse und Kommunikation

## 9.3 وسائل الإعلام

| | |
|---|---|
| sich widmen | اهتمّ بـ، تفرّغ لـ |
| sich zuwenden | توجّه الى، تناول |
| singen von | تغنّى، أنشد له أنشودةً |
| unterhalten | ألهى، سرى عنه الهمّ |
| verfassen | ألّف، نظّم، وضع |
| verlegen | نشر |
| veröffentlichen | نشر، أصدر |
| zerstreuen | ألهى، سرى عنه الهمّ |
| zusammenstellen | جمع، رتّب |

## Wendungen
### المصطلحات

belesen sein
ذو علم، كثير الاضّطلاع

von einer Reise erzählen
روى عن رحلة قام بها

sich ein Gespräch ausdenken
ابتكر حديثاً

ein Lied dichten
أنشد أغنيةً

zu Feld ziehen
ذهب إلى ساحة القتال

eine Satire auf den Adel
هجاء النّبلاء

## 9.4 Presse und Kommunikation — وسائل الإعلام

### 9.4 Die Post — البريد

|  |  |
|---|---|
| Absender, der | المرسل |
| Adresse, die | عنوان |
| Brief, die | رسالة |
| Briefkasten, der | صندوق البريد |
| Briefmarke, die | طابع بريدي |
| Briefumschlag, der | مغلف الرسالة |
| Eilbrief, der | رسالة مستعجلة |
| einen Brief beantworten | أجاب على الرسالة |
| einen Brief beantworten | أجاب على الرسالة |
| einen Brief einwerfen | ألقى برسالة في صندوق البريد |
| einen Brief erhalten | استلم رسالة |
| einen Brief erhalten | استلم رسالة |
| Einschreiben, das | رسالة مسجلة |
| Empfänger, der | المستلم |
| Empfangsbestätigung unterschreiben, die | وقع على استلام كتابها |
| Gewicht, das | وزن |
| Hausbriefkasten, der | صندوق بريد منزلي |
| jemanden einen Brief schicken | بعث برسالة إلى أحد ما |
| Klebeband, das | شريط لاصق |
| Klebeband, das | شريط لاصق |
| Kurierdienst, der | خدمة البريد السريع |
| liefern | سلّم، زوّد بـ |
| Luftpost, der | البريد الجوي |
| Nicht knicken! | لا تثنِه! |
| oben | فوق، في الأعلى |

# Presse und Kommunikation  وسائل الإعلام | 9.3

|  |  |
|---|---|
| Päckchen, das | طرد صغير |
| Paket, das | طرد |
| Porto, das | رسوم البريد، رسوم الشحن |
| portofrei | الرسوم البريدية مدفوعة |
| Postanweisung, die | حوالة مالية عن طريق البريد |
| Postanweisung, die | حوالة مالية عن طريق البريد |
| Postfach, das | صندوق بريد |
| Postkarte, die | بطاقة بريدية |
| Postleitzahl, die | الرمز البريدي |
| Poststempel, der | ختم البريد |
| Styroporflocken, die | راتنج اصطناعي في صناعة البلاستيك |
| versandkostenfrei | شحن مجاني |
| versandkostenfrei | شحن مجاني |
| vor Nässe schützen | حماية ضد الرطوبة |
| Waage, die | ميزان |
| Waage, die | ميزان |
| zerbrechlich | سريع العطب |
| Zustellung, die | تسليم |

## 9.5 Presse und Kommunikation وسائل الإعلام

### 9.5 Das Buch
### كتاب

| | |
|---|---|
| der Schriftsteller,- | روائي، كاتب أديب |
| der Dichter,- | شاعر |
| der Romanschreiber,- | روائي |
| der Fabeldichter,- | مؤلّف حكايات |
| der Dramatiker,- | كاتب مسرحي |
| der Verfasser,- | مؤلّف |
| der Redner,- | خطيب، متكلّم |
| der Übersetzer,- | مترجم |
| der Verleger,- | ناشر |
| der Drucker,- | طباع |
| die Urschrift,-en | النّص الأصلي |
| das Original | النّص الأصلي |
| der Buchhändler,- | صاحب المكتبة |
| die Buchhandlung | مكتبة |
| der Antiquar | تاجر الكتب القديمة |
| die Bibliothek,-en | مكتبة |
| die Bücherei,-en | مكتبة |
| der Bibliothekar,-e | أمين المكتبة |
| der Bücherwart,-e | أمين المكتبة |
| der Buchbinder,- | مجلّد الكتب |
| die Widmung | إهداء |
| das Vorwort | تمهيد، مقدّمة |
| das Buch,-̈er | كتاب |
| das Lehrbuch | كتاب تعليمي |
| das Handbuch | كتاب تعليمي |

## Presse und Kommunikation — 9.5 وسائل الإعلام

|  |  |
|---|---|
| das Notizbuch | مفكّرة، مذكّرة |
| das Wörterbuch | معجم، قاموس |
| das Bildwörterbuch | قاموس مصوّر |
| die Abbildung,-en | تزيين، صورة، رسم |
| der Einband,-¨e | غلاف |
| der Band,-¨e | مجلّد، جزء |
| die Ausgabe,-n | طبعة، نشر رواية |
| die Prachtausgabe | طبعة فاخرة |
| die Auflage,-n | نسخ مطبوعة |
| der Titel,- | عنوان |
| Bildband, der | كتاب مصور |
| Buchdeckel, der | غلاف الكتاب |
| Buchrücken, der | ظهر الكتاب |
| Einband, der | غطاء |
| Erzählliteratur, die | أدب خيالي |
| gebundene Buch, das | أوراق خيط تثبت بشكل كتاب |
| in einem Buch blättern | تصفح كتاباً |
| Index, der | فهرس |
| Inhaltsverzeichnis, das | فهرست، المضمون |
| Kapital, das | رأس مال |
| Kinderbuch, das | كتاب الأطفال |
| Lesebändchen, das | كتيّب للقراءة |
| Roman, der | رواية |
| Sachbuch, das | كتاب شعبي |
| Schutzumschlag, der | مغلف الحماية |
| Seite, die | صفحة |
| Seitenzahl, die | رقم الصفحة |

## 9.6 Presse und Kommunikation — وسائل الإعلام

### 9.6 Der Rundfunk
### راديو، إذاعة

| | |
|---|---|
| der Rundfunk,-e | راديو، إذاعة |
| das Radio,-s | مذياع |
| der Sender,- | محطّة إرسال |
| der Empfänger,- | جهاز مستقبل |
| der Empfang | استقبال |
| der Rundfunkempfänger,- | مستقبل إذاعي |
| die Antenne,-n | هوائي |
| die Wellenlänge,-n | طول الموجة |
| die Kurzwelle | الموجة القصيرة |
| die Langwelle | الموجة الطويلة |
| die Reichweite | مدى |
| die Abstimmung | نسق، ضبط |
| der Einschalter,- | زر، مفتاح |
| die Störungen | تشويش |
| der Funkturm,-̈e | برج الإذاعة |
| der Senderaum,-̈e | استوديو، غرفة الإرسال |
| das Mikrophon,-e | مذياع، ميكروفون |
| der Tonfänger,- | مذياع، ميكروفون |
| der Ansager,- | مذيع |
| die Sendung,-en | إرسال إذاعي، إذاعة |
| die Röhre,-n | صمّام، أنبوبة |
| der Funkspruch,-̈e | رسالة لاسلكيّة |
| die Übertragung,-en | إرسال، نقل |
| Rundfunkübertragung | مرسل على موجات الأثير |
| die Rundfunkdarbietung | بثّ إذاعي |
| das Hörspiel,-e | تمثيليّة إذاعيّة |
| das Funkspiel | تمثيليّة إذاعيّة |

# Presse und Kommunikation

وسائل الإعلام | 9.7

| | |
|---|---|
| die Rundfunkrede,-n | حديث مذاع |
| der Lautsprecher,- | مكبّر الصّوت |
| das Fernsehen | التيلفيزيون |
| der Fernseher,- | جهاز التيلفيزيون، تلفاز |

## 9.7 Soziale Netzwerke
### شبكة التواصل الإجتماعي

| | | |
|---|---|---|
| Soziale Netzwerk, das | داس زوتسياله نتس فِرك | شبكة التواصل الإجتماعي |
| Email oder Telefon, die, das | دي إيمَيْل أودر داس تالافون | الإيميل أو التلفون |
| Anmeldung, die | دي أنمالدونغ | التسجيل |
| anmelden | أنملدن | تسجيل أو تسجيل دخول |
| Freundschaftseinladung, die | دي فرويْند شافتس آينلادونغ | دعوة صداقة |
| Hauptseite, die | دي هاوبت زايتهْ | الصفحة الرئيسية |
| Neue Nachricht, die | دي نويْهْ ناخريشت | الرسالة جديدة |
| suchen adj. | زوخن | بحث / يبحث |
| mehr | مَيْر | مزيد |
| Nachricht, die | دي ناخريشت | الرسالة |
| über | أوبر | أعلى |
| Arbeit und Ausbildung, die | دي أربايت أوند أوس بيلدونغ | العمل و التدريب |
| Orte, an denen du gelebt hast, die | دي أورتهْ أنْ دينن دو غَلَيْبْتْ هاست | الأماكن التي عشت أو أقمت بها |
| Kontaktinformationen und allgemeine Infos, die | دي كونتاكت أنفورماتسيونَن أوند ألغماينهْ إنفوس | معلومات الاتصال و المعلومات العامة |
| Familie und Beziehung, die | دي فاميليهْ أوند بتسيهونغ | العائلة و الصلة أو العلاقات |
| Details über dich, die | دي ديتايس أوبر ديش | تفاصيل عن نفسك |
| Lebensereignis, das | داس ليبنس أرْأَيْغِنِس | أحداث مهمة في الحياة أو في حياتك |

## 7.4 Presse und Kommunikation — وسائل الإعلام

|  |  |  |
|---|---|---|
| Freunde, die | دي فرويْندهْ | الأصدقاء |
| Alle Freunde | ألهْ فرويْندهْ | جميع الأصدقاء |
| Neue hinzugefügt | نويْهْ هنتسوغْفُوغت | المضاف مؤخراً |
| Bilder, die | دي بيلدر | الصور |
| Album, das | داس ألبوم | الألبوم |
| Rezension, die | دي رَتسَنزيون | المراجعة أو التنقيح |
| Aktivitätenübersicht, die | دي أكتيفيتاتن أوِبرزيشت | نظرة عامة على الأنشطة |
| Posten, der | داس بوستن | المادة) بند (أو الموضوع |
| Ihre Seiten | إيرهْ زايتن | صفحاتك |
| Freunde suchen! | فرويْندهْ زوخن | ابحث عن أصدقاء |
| Leute die du vielleicht kennst | لويْتهْ دي دو فيلايشت كنست | أشخاص من الممكن أن تعرفهم |
| Posten, der | داس بوستن | المادة) بند (أو الموضوع |
| Ihre Seiten | إيرهْ زايتن | صفحاتك |
| Freunde suchen! | فرويْندهْ زوخن | ابحث عن أصدقاء |
| Leute die du vielleicht kennst | لويْتهْ دي دو فيلايشت كنست | أشخاص من الممكن أن تعرفهم |

# Presse und Kommunikation

## 9.8 das Telefon
### الهاتف

|  |  |
|---|---|
| Display, das | عرض يهد فللترفيه العام |
| Telefonbuch, das | دليل الهاتف |
| Anrufbeantworter, der | جهاز الرد على المخابرات |
| Tastenfeld, das | لوحة المفاتيح |
| Telefonhörer, der | سماعة الهاتف |
| Kabel, das | شريط |
| schnurlose Telefon, das | هاتف لاسلكي |
| Hörer, der | مستمع |
| abheben | رفع السماعة |
| auflegen | أعاد السماعة |
| Basisstation, die | محطة أساسية |
| Kopfhörer, der | سماعة |
| Mikrofon, das | مذياع |
| Faxgerät, das | جهاز الفاكس |
| jemanden anrufen | اتصل بأحدهم هاتفياً |
| wählen | اختار، انتخب |
| klingeln | رنّ |
| ich möchte bitte... sprechen. | ...أريد أنا أتكلم مع |
| eine Nachricht nach dem Signalton | رسالة بعد الصافرة |
| Können Sie mich bitte zurückrufen. | أيمكنك أن تهتف لي ثانية؟ |

# Musik und Gesang
## الموسيقا، الغناء، الإذاعة

| | | |
|---|---|---|
| 10.1 | Musik | الموسيقى |
| 10.2 | Gesang | الغناء |
| 10.3 | 5. Klasse | الصف الخامس |
| 10.4 | 6. Klasse | الصف السادس |
| 10.5 | 7. Klasse | الصف السابع |
| 10.6 | 9. Klasse | الصف التاسع |

# Musik und Gesang

الموسيقا، الغناء، الإذاعة

## 10.1 Die Musik
الموسيقى

| Nomen |
|---|
| الأسماء |

|  |  |
|---|---|
| die Musik | الموسيقى |
| die Tonkunst | الموسيقى |
| der Musiker,- | موسيقار |
| der Komponist,-en | ملحّن ، مؤلّف موسيقي |
| die Tonleiter | السلّم الموسيقي |
| die Stimmgabel | شوكة رنانة |
| die Note,-n | علامة، نوتة موسيقيّة |
| das Kreuz,-e | علامة الرفع |
| das Auflösungszeichen | علامة التعديل |
| der Schlüssel,- | مفتاح |
| der Takt,-e | إيقاع |
| der Akkord,-e | انسجام الأصوات |
| das Streichinstrument,-e | آلة وتريّة |
| das Saiteninstrument | آلة وتريّة |
| die Saite,-n | وتر |
| der Bogen,- | قوس الكمان |
| die Geige,-n | كمان، كمنجة |
| der Geiger,- | عازف الكمان |
| das Cello,-s | كمان كبير، تشيلو |
| der Cellospieler,- | عازف التشيلو |
| die Baßgeige | كمان أجهر |
| die Gitarre,-n | قيثرة |
| der Klavierspieler,- | عازف البيانو |

## 10.1 | Musik und Gesang — الموسيقا، الغناء، الإذاعة

|  |  |
|---|---|
| das Mundstück,-e | فم، آلة نفخ |
| die Flöte,.n | ناي |
| der Flötenspieler,- | عازف على الناي |
| die Querpfeife,-n | مزمار، زمار |
| die Klarinette,-n | براعة |
| die Hoboe,-n | مزمار |
| das Horn,-̈er | بوق، نفير |
| die Trompete,-n | بوق |
| der Trompeter,- | نافخ البوق |
| das Schlaginstrument | آلة الإيقاع والعزف |
| die Trommel,-n | طبل، طبلة |
| der Trommler,- | طبّال |
| der Wohlklang,-̈e | عذوبة، تناغم |
| der Missklang | تنافر أنغام، نغمة نشاز |
| die Verzierung,-en | تزيين، تحلية |
| der Triller,- | زغْرودة |
| die Musikhochschule | المعهد العالي للموسيقى |
| das Konzert,-e | حفلة موسيقية |
| die Kapelle,-n | جوقة، فرقة موسيقية |
| die Weise,-n | لحن، نغم |
| die Melodie,-n | لحن، نغم |
| die Wiederholung | علامة الإعادة |
| die Harfe,-n | جنك |
| der Harfner,- | العازف على الجنك |
| die Mandoline,-n | المندولين |
| die Laute,-n | عود |
| die Leier,- | كنارة، قيثارة |
| das Klavier,-e | بيانو |
| der Flügel,- | بيانو كبير |
| die Klaviatur,-en | أصابع البيانو |

# Musik und Gesang

الموسيقا، الغناء، الإذاعة | 10.1

Musik treiben
لحّن، مارس مهنة الموسيقى

Sind Sie musikalisch?
هل أنت موسيقيّ؟

Klavier spiele
غزف على البيانو

die Trompete blasen
نفخ في البوق

## 10.1 | Musik und Gesang     الموسيقا، الغناء، الإذاعة

| | |
|---|---|
| stimmen | ضبط الأوتار |
| trommeln | قرع الطبل، طبّل |
| übertragen | إرسال إذاعي أو تيليفيزيوني |
| vertonen | لحّن |

### Wendungen
### المصطلحات

Musik treiben
لحّن، مارس مهنة الموسيقى

Sind Sie musikalisch?
هل أنت موسيقيّ؟

Klavier spiele
غزف على البيانو

die Trompete blasen
نفخ في البوق

Flöte spielen
عزف على الناي

Flöte blasen
نفخ في الناي

## Musik und Gesang

الموسيقا، الغناء، الإذاعة | 10.1

auf der Flöte blasen
نفخ في الناي

Geige spielen/streichen
عزف على الكمان

eine Saite aufziehen
ركّب وتراً

eine Saite spannen
شدّ وتراً

das Pedal treten
ضغط على الدواسة

die Trommel schlagen/rühren
طبّل، دقَّ على الطبل

vom Blatt spielen
عزف لأول وهلة

den Ton anschlagen
أطلق النغمة

den Takt schlagen
أعطى الإيقاع

im Takt
على الإيقاع

## 10.1 Musik und Gesang

الموسيقا، الغناء، الإذاعة

den Takt halten
حافظ على الإيقاع

aus dem Takt kommen
خرج عن الإيقاع

ins Konzert gehen
زار حفلة موسيقيّة

die Dur-Tonart
الصوت الأعلى

ein Klavierkonzert
مقطوعة موسيقيّة على البيانو

mit klingendem Spiele
وهو يغنّي ويعزف، مطبّلاً مزمراً

im Chor singen
أغنّى في جوقة

aus vollem Halse singen
غنّى بكلّ جوارحه

einen Text in Musik setzen
لحن موسيقى للنّص

die Musik zu eiener Oper schreiben
لحن الموسيقى لمسرحيّة غنائيّة

# Musik und Gesang

الموسيقا، الغناء، الإذاعة

Rundfunk hören/Radio hören
استمع إلى المذياع

den Rundfunkapparat anstellen
فتح المذياع

den Apparat abstellen
أطفأ الجهاز

der Ton macht die Musik
المعنى في المغنى

## 10.1 Musik und Gesang

الموسيقا، الغناء، الإذاعة

| | |
|---|---|
| die Taste,-n | أصبع البيانو |
| das Blasinstrument | آلة نفخ |
| die Posaune,-n | مترددة، آلة نفخ كبيرة |
| der Dudelsack-¨e | قربة |
| die Orgel,-n | أرغن |
| die Ziehharmonika,-s | أكورديون |
| die Mundarmonika | شفويّة، آلة صغيرة ينفخ فيها |

### Der Gesang
الغناء

| Nomen | |
|---|---|
| **الأسماء** | |
| der Gesang,-¨e | غناء، ترنيم |
| der Sänger,- | مغنٍّ، مطرب |
| die Sängerin,-nen | مغنيّة، مطربة |
| die Stimme,-n | صوت |
| der Sopran,-e | نديّ، صوت نديّ |
| die Altstimme | أوطأ صوت نسويّ، رنان |
| der Tenor,-e | صادح، الصوت الأعلى للرجل |
| der Bariton,-e | جهير أوّل |
| der Baß,-sse | صوت جهير |
| das Solo,-s | تقسيمة، منفرد |
| das Duett,-e | ثنائي صغير، قطعة موسيقيّة صغيرة |
| das Quartett | رباعي، أربع أشخاص |
| das Quintett | خماسي |
| der Chor,-e | كورس، جوقة المغنيين |

# Musik und Gesang — الموسيقا، الغناء، الإذاعة — 10.2

| Adjektive | |
|---|---|
| | الصّفات |
| musikalisch | موسيقيّ |
| melodisch | لحني |
| wohlklingend | رائع النغم، رخيم الأنغام |
| taktmäßig | حسب الإيقاع |
| verstimmt | مختلّ |
| entzückend | لطيف، ساحر |
| lieblich | حلو، لطيف |
| hinreizend | جذّاب، محمّس |
| betäubend | ساحر |

| Verben | |
|---|---|
| | الأفعال |
| ansagen | أذاع |
| auffangen | التقط، سمع |
| begleiten | رافق |
| blasen | نفخ |
| empfangen | استقبل |
| entziffern | فكّ، حلّ |
| erklingen | دوى، سمع |
| ertönen | دوى، سمع |
| komponieren | لحّن، ألّف، كتب |
| leiten | قاد |
| musizieren | عزف |
| senden | بثّ، أرسل |
| singen | غنّى، أنشد |
| spielen | عزف، لعب |

## 10.3 Musik und Gesang

الموسيقا، الغناء، الإذاعة

| 10.3 5. Klasse الصف الخامس | |
|---|---|
| Lieder singen | رتل أغانٍ |
| einfache Lieder, die | أغانٍ بسيطة : سهلة |
| Kanon, das | إتباع (في الموسيقى)، قانون القداس |
| lernen | تعلم |
| auswendig | عن ظهر قلب |
| Stimmbildung, die | لفظ، نطق، إخراج الصوت |
| Atmung, die | تنفس |
| Artikulation, die | تلفّظ، نطق، إخراج الصوت |
| Körperhaltung, die | وضعية، موقف |
| Vokalausgleich, der | توازن صوتي |
| Ausdruck, der | تعبير |
| Erfahrung, die | خبرة، تجربة |
| Bewegung, die | حركة |
| Musik, die | الموسيقى |
| Instrument, das | أداة عزف |
| Klang, der | نغمة، صوت |
| Bau, der | بناء، إنشاء |
| Ton, der | صوت، نغم |
| Stimmung, die | خلط / مزاج / فكاهة |
| Intervalle, die | فترات زمنية، تواصل زمني |
| Dynamik, die | دينامية، ديناميكية |
| Band, die | فرقة موسيقية |
| Wirkung, die | تأثير |
| Werke, die | أعمال |
| musizieren | عزف على آلة |
| Noten, die | علامة موسيقية |

# Musik und Gesang

الموسيقا، الغناء، الإذاعة

## 10.4
### 6. Klasse
الصف السادس

| | |
|---|---|
| Stimmbildung, die | لفظ، نطق، إخراج الصوت |
| Nationalhymne, die | النشيد الوطني |
| Tänze, die | رقصات |
| Choreographie, die | خطوات الرقص |
| Strophe, die | فقرة |
| Text, der | نص |
| Melodie, die | نغم، لحن |
| hören | سمع، استمع |
| musikalisch | موسيقيّ |
| Wiederholung, die | إعادة، تكرار |
| Veränderung, die | تبديل، تغيير |
| Gegensatz, der | نقيض |
| Rhythmus, der | إيقاع |
| Notation, die | تدويت، مجموعة رموز أو علامات |

## 10.5
### 7. Klasse
الصف السابع

| | |
|---|---|
| Songs, die | أغانٍ |
| Spielweise, die | طريقة اللعب |
| Instrument, das | آلة موسيقية |
| Technik, die | تقنية |
| Literatur, die | الأدب |
| Natur, die | الطبيعة |
| Sinfonie, die | سيمفونية، تآلف الأصوات |
| Variation, die | اختلاف، تباين، تنوع |
| Künstler, der | فنان |
| Melodie, die | نغم، لحن |

## 10.4 Musik und Gesang — الموسيقا، الغناء، الإذاعة

### 10.4 — 9. Klasse — الصف التاسع

|  |  |
|---|---|
| Lebenserfahrung im Lied, die | تجربة الحياة في الغناء |
| Glück, das | سعادة، حظ |
| Liebe, die | الحب |
| Einsamkeit, die | الوحدة، العزلة |
| Inhalt, der | مضمون |
| Wirkung, die | تأثير |
| Funktion, die | وظيفة، مهمة |
| Tanz, der | رقص، رقصة |
| Ausführung, die | تنفيذ، إنجاز |
| Formen, die | أشكال |
| Aspekte, die | مظهر، هيئة، طلعة |
| Musiktheater, das | مسرح الموسيقى |
| Handlung, die | عمل، إجراء |
| Inszenieren, das | طريقة عرض مسرحية أو غيرها من أداء درامي. |
| Darstellung, die | (تمثيل، حفلة (مسرح |
| Barock | الطراز الباروكي |
| Klassik | كلاسيكي |
| Romantik | رومانسي |

# Musik und Gesang

## 10.4 الموسيقا، الغناء، الإذاعة

# Das Theater und das Kino
## المسرح والسّينما

| | | |
|---|---|---|
| 11.1 | Das Theater | المسرح |
| 11.2 | Das Theaterstück | المسرحيّة |
| 11.3 | Die Aufführung | التمثيل، العرض |
| 11.4 | Das Kino | السينما |

# 11 Das Theater
المسرح

## 11.1 Das Theater
المسرح

| Nomen | |
|---|---|
| الأسماء | |
| das Theater, | مسرح |
| das Kasperletheater | مسرح العرايس |
| das Puppentheater | مسرح العرايس |
| das Varietétheater | مسرح المنوّعات |
| die Bühne,-n | مسرح، خشبة المسرح |
| die Drehbühne | مسرح متحرّك |
| die Freilichtbühne | مسرح في الهواء الطَلق |
| der Vorhang,-¨e | ستار |
| die Ausstattung,-en | تجهيزات، فخامة |
| die Kulisse,-n | خلفية المسرح، كوليس |
| die Rampe,-n | مقدمة المسرح |
| das Rampenlicht,-er | أضواء المسرح |
| der Souffleurkasten,- | كوّة الملقّن |
| der Vorsager,- | ملقّن |
| der Zuschauerraum,-¨e | قاعة، صالة |
| die Loge,-n | مقصورة |
| die Laube,-n | مقصورة |
| die Bühnenlaube | مقصورة المسرح الأماميّة |
| der Parketsitz,-e | مقعد في صدر المسرح |

## 11.1 Das Theater und das Kino  المسرح والسّينما

| | |
|---|---|
| der Klappsitz | مقعد يطوي |
| das Parterre,- | الدور الأرضي |
| der Rang,-e | ممشى، رواق، صالة |
| die Reihe,-n | صفّ المقاعد |
| die Kasse,-n | صندوق النقود |
| der Vorverkauf | حجز التذاكر |
| die Eintrittskarte,-n | تذكرة دخول |

### 11.2 Das Theaterstück
المسرحيّة

#### Nomen
الأسماء

| | |
|---|---|
| das Stück,-e | مسرحيّة |
| das Schauspiel,-e | منظر، قصّة تمثيليّة |
| das Trauerspiel | مأساة |
| das Drama,-men | مسرحية، مأساة |
| das Lustspiel | مسرحية فكاهيّة |
| die Posse,-n | مسرحية فكاهية شعبيّة |
| der Schwank,-¨e | مسرحية فكاهيّة شعبيّة |
| der Aufzug,-¨e | فصل (في رواية) |
| der Konflikt,-e | نزاع، خصام، أزمة |
| die Verwickelung | دسيسة، مكيدة |
| das Interesse,-n | اهتمام، عناية، اكتراث |
| der Auftritt,-e | مشهد، فصل |
| die Szene,-n | مشهد، فصل |
| das Vorspiel | مقدّمة |
| der Monolog,-e | مخاطبة ذاتيّة |

# Das Theater und das Kino | 11.2 المسرح والسّينما

| | |
|---|---|
| das Selbstgespräch,-e | مخاطبة ذاتيّة |
| der Dialog,-e | حوار |
| das Zwiegespräch | حوار |
| die Handlung,-en | عمل، قصّة، مشهد |
| die Oper,-n | مسرحيّة غنائيّة |
| die Operette,-n | مسرحيّة غنائيّة خفيفة |
| das Balett,-e | رقص تعبيري |

## 11.3 Die Aufführung
التمثيل، العرض

### Nomen
### الأسماء

| | |
|---|---|
| die Aufführung,-en | تمثيل، عرض |
| die Vorstellung,-en | تمثيل، عرض |
| die Ertsaufführung | العرض الأول |
| die Probe,-n | تجربة، تمرين |
| die Generalprobe | التدريب الأخير |
| der Spielleiter,- | مخرج |
| die Inszenierung | إخراج |
| die Lokalfarbe | لون محلي |
| die Truppe,-n | فرقة، جوقة |
| der Schauspieler,- | ممثل |
| die Schauspielerin,-nen | ممثلة |
| der Statist,-en | ممثل صامت |
| die Rolle,-n | دور |
| die Verteilung,-en | توزيع، تقسيم |
| der Beifall | تصفيق |

## 11.4 Das Theater und das Kino — المسرح والسّينما

### 11.4 السينما

| Nomen الأسماء | |
|---|---|
| das Kino,-s | سينما |
| das Lichtspielhaus | سينما |
| der Film,-e | فيلم |
| der Tonfilm | فيلم ناطق |
| der Farbfilm | فيلم ملوّن |
| der Werbefilm | فيلم دعاية |
| der Filmschauspieler | ممثل سينمائي |
| der Filmstar,-s | نجم سينمائي |
| der Filmkünstler,- | ممثل سينمائي |

| Adjektive الصّفات | |
|---|---|
| theatralisch | مسرحي |
| dramatisch | تمثيلي، مسرحي |
| tragisch | محزن، مفجع |
| komisch | هزلي، مضحك |
| einaktig | مسرحيّة من فصل واحد |

| Verben الأفعال | |
|---|---|
| aufführen | مثّل، عرض، قدّم |

## 11.4 Das Theater und das Kino — المسرح والسّينما

| | |
|---|---|
| aufgehen | رفع الستار |
| auftreten | ظهر على المسرح (الشاشة) |
| drehen | مثّل في فيلم |
| einüben | كرر (تجربة) |
| fallen | وقع، سقط |
| spielen | مثّل، لعب، عزّ |

### Wendungen
### المصطلحات

den Stoff zu seinem Drama entnehmen
اقتبس الموضوع لمسرحياته

Theatervorstellungen veranstalten
نظّم عروضاً مسرحيّة

die Freizeit richtig anwenden
استغلّ أوقات الفراغ بشكل جيّد

ins Theater gehen
ذهب إلى المسرح

ins Kino gehen
ذهب إلى السّينما

in der Garderobe abgeben
أودع الثياب غرفة الملابس

## 11.4 Das Theater und das Kino — المسرح والسّينما

zum ersten Mal auftreten
ظهر لأوّل مرّة

sich anstellen/Schlange stehen
وقف في الصفّ، اصطفّ طابوراً

nicht drängen
لا يثقل على، لا يلحّ على

für die Bühne bearbeiten
يصلح للتمثيل

Bühnengerecht machen
يصلح للتمثيل

auf die Bühne bringen
مثّل

auf der Probe
في التدريب الأخير

den Vorhang aufziehen
رفع الستار

der Vorhang geht auf
الستار يرتفع

den Vorhang herunterlassen
أسدل الستار

## Das Theater und das Kino — المسرح والسّينما — 11.4

der Vorhang fällt
سقط الستار

das Stück spielt in Berlin
المشهد حدث في برلين

Furcht und Mitleid erregen
دعا إلى الشفقة وأثار الخوف

den Knoten schürzen
دبّر مؤامرة، حاك دسّيسة

eine glückliche Lösung
حل موفّق

der Konflikt zwischen Ehre und Liebe
النزاع بين الشرف والحبّ

den Regeln des Aristoteles gemäß sein
تناسب مع قوانين أريسطو

von den Regeln abweichen
حاد عن النظام

die Einheit der Handlung beobachten
راقب تتابع الأحداث

die Einheit der Zeit und des Ortes
وحدة الزمان والمكان

## 11.4 | Das Theater und das Kino     المسرح والسّينما

eine Rolle spielen
لعب دوراً

**die Rolle verteilen**
وزّع الأدوار

mit verteilten Rollen lesen
قرأ أدواراً مختلفة

**die Rollen (ver)tauschen**
بدّل الدور

nicht aus der Rolle fallen
لم يشذّ عن القاعدة

**nach Effekt haschen**
سعى إلى نتيجة

der erste Liebhaber
العاشق الأوّل

**die erste Liebhaberin**
العاشقة الأولى

die Naiven spielen
لعب دور الساذج

**die Rollen der Anstandsdamen**
أدوار السيّدة المرافقة

## Das Theater und das Kino — المسرح والسّينما — 11.4

hinter den Kulissen
وراء الكواليس

Lampenfieber haben
وقع في وهل، اضطراب الممثل قبيل الظهور على المسرح

vor leerem Haus spielen
ممثل أمام المقاعد

ein volles Haus machen
غاصت القاعة بالناس

Beifall finden
لاقى ترحيباً

Beifall klatschen
صفّقَ لـ

herausgerufen werden
طلب من المممثلين الخروج ثانية

über die Leinwand laufen
عرض على الشاشة

auf die Leinwand bringen
أخرج في السينما / في المسرح

eine Szene filmen
صور مشهداً

## 11.4 Das Theater und das Kino — المسرح والسّينما

ein Stück (ver)filmen
صوّر مسرحيّة

# Physik
### الفيزياء

| | | |
|---|---|---|
| 12.1 | Naturwissenschaften | العلوم الطّبيعيّة |
| 12.2 | 6. Klasse | الصف السادس |
| 12.3 | 7. Klasse | الصف السابع |
| 12.4 | 8. KLasse | الصف الثامن |
| 12.5 | 9. Klasse | الصف التاسع |
| 12.6 | Einführungsphase | المستوى المتقدم |
| 12.7 | Qualifikationsphase | |

## 12.1 Die Naturwissenschaften

العلوم الطَّبيعيّة

| Nomen الأسماء | |
|---|---|
| die Wissenschaft,-en | علم |
| der Forscher,- | عالِم، منقّب |
| der Gelehrte,-n | عالِم، علامّة |
| die Physik | الفيزياء |
| der Physiker,- | فيزيائي |
| die Mechanik | علم الآليّة، ميكانيك |
| die Kraft,-̈e | قوّة |
| der Körper,- | جسم |
| die Schwerkraft | قوّة الجاذبيّة |
| die Atomenergie | طاقة ذريّة |
| das Gewicht | ثقل |
| das Gleichgewicht | توازن |
| die Elastizität | مرونة |
| der Apparat,-e | جهاز |
| der Hebel,- | رافعة |
| das Pendel,- | رقّاص (الساعة) |
| der Druck | ضغط |
| der Widerstand | مقاومة |
| die Pumpe,-n | مضخّة |

# Physik — الفيزياء | 12.1

|  |  |
|---|---|
| die Luftpumpe | منفاخ |
| der Schall | صوت، دويّ |
| die Akustik | علم السمعيات |
| die Welle,-n | موج، موجة |
| die Linse,-n | عدسة |
| der Magnet,-e | مغناطيس |
| der Magnetismus | مغناطيسيّة |
| die Anziehungskraft | جاذبيّة |
| die Magnetnadel | أبرة مغناطيسية |
| die Schallwelle | موجة صوتيّة |
| die Schwingung,-en | ذبذبة، هزّة |
| der Widerhall | صدى |
| die Kernphysik | الفيزياء النّوويّة |
| die Wärme | الحرارة |
| die Strahlung | إشعاع |
| die Ausdehnung | تمدد |
| die Spaltung | انقسام |
| die Zusammenziehung | تقلّص |
| die Blase,-n | فقاعة |
| der Siedepunkt | نقطة الغليان |
| der Gefrierpunkt | نقطة التجمّد |
| die Verdungstung | التبخر |
| das Licht,-er | الضوء |
| die Lichtlehre | علم الضوء |
| die Verbreitung | انتشار |
| die Radioaktivität | النّشاط الإشعاعي |
| der Lichtstrahl,-en | شعاع ضوئي |
| die Zurückwerfung | انعكاس |
| der Spiegel,- | مرآة |
| der Hohlspiegel | مرآة مقعّرة |

## 12.2 Physik — الفيزياء

| | |
|---|---|
| das Bild,-er | صورة |
| die Brechung | انكسار |
| die Elektrizität | الكهرباء |
| das Kraftwerk,-e | محطّة توليد الكهرباء |
| das Atomkraftwerk | محطّة تحول الطاقة الذرية إلى أخرى |

### 12.2
### 6. Klasse
### الصف السادس

| Nomen | |
|---|---|
| الأسماء | |
| Naturwissenschaft, die | العلوم الطبيعية |
| Lichtquelle, die | مصدر الضوء |
| Lichtstrahlen, die | أشعة الضوء |
| Sehen, das | الرؤية |
| Auge, das | عين |
| Schatten, der | ظل |
| Bau, der | بناء، إنشاء، تعمير |
| Farbigkeit, die | التلون |
| Sehwinkel, der | مجال الرؤية |
| Finsternis, die | ظلام |
| Mondphase, die | مراحل القمر |
| Wärmelehre, die | الديناميكا الحرارية، علم الحرارة |
| Temperatur, die | درجة الحرارة |
| Ausdehnung, die | توسع، إمتداد |
| Flüssigkeit, die | سائل |
| Körper, der | جسم، هيئة |
| Gase, die | غازات |
| Pole, die | قطب |

| Physik | الفيزياء | 12.2 |

| | |
|---|---|
| Kräfte, die | قوى |
| Magnete, die | مغناطيس |
| Messung, die | قياس |

## 12.3 Klasse 7
### الصف السابع

| | |
|---|---|
| Optik, die | البصريات |
| Reflexion, die | الإنعكاس |
| Spiegel, der | مرآة |
| Grenzfläche, die | السطح البيني |
| Medien, die | وسائل الإعلام |
| Prisma, das | موشور |
| Lichtleiter, die | دليل الضوء / الألياف البصرية |
| Brennweite, die | البعد البؤري |
| Linse, die | عدسة |
| Bildgröße, die | حجم الصورة |
| Reflektion, die | إنعكاس |
| Trugbild, das | سراب |
| Teilchenmodell, das | نموذج الجسيمات |
| Reibung, die | احتكاك |
| Wärme, die | حرارة |
| Dämmung, die | عزل |
| Tauscher, der | مبادل |
| Mischung, die | مزيج |
| Elektrizität, die | كهرباء |
| Stromkreis, der | دائرة كهربائية |
| Wirkung, die | تأثير |
| Gefahren, die | مخاطر |
| Symbole, die | رموز |

# Physik | الفيزياء

## 12.6 — 8. Klasse — الصف الثامن

|  |  |
|---|---|
| Mechanik, die | الآليّة |
| Bewegung, die | حركة |
| Diagramme, die | رسوم بيانية |
| Kräfte, die | قوى |
| Eigenschaft, die | صفة، ميّزة |
| Auslenkung, die | انحراف، ميل |
| Volumen, das | حجم |
| Masse, die | كتلة |
| Dichte, die | كثافة |
| Treibung, die | طرد، إبعاد |
| Elektrogeräte, die | أجهزة كهربائية |
| Gewitter, das | عاصفة |
| Generator, der | مولد كهربائي |
| Druck, der | ضغط |
| Auftrieb, der | قابلية للطفو / انتعاش، إزدهار |
| Technik, die | تقنية |
| Gase, die | غازات |
| Akustik, die | الصوتيات |
| Schall, der | صوت، صدى |
| Geschwindigkeit, die | سرعة |
| Geräusch, das | ضجيج، ضوضاء |
| Knall, der | فرقعة، انفجار |
| Lautstärke, die | حجم الصوت |
| Tonhöhe, die | ارتفاع الصوت |
| Farben, die | ألوان |
| Prisma, das | موشور |
| Farbkreis, der | دائرة اللون |
| Wahrnehmung, die | تصور، إعتقاد، شعور |

| Physik | الفيزياء | 12.7 |

## 12.7
### 9. Klasse
### الصف التاسع

| Energie, die | قدرة، طاقة |
| Seil, der | حبل |
| Rolle, die | بكرة |
| Kraftwandler, der | تحويل الطاقة |
| Leistung, die | قوة، استطاعة |
| Machine, die | آلة، جهاز |
| Haushalt, der | ميزانية / تدبير منزلي |
| Radioaktivität, die | نشاط إشعاعي |
| Medizin, die | الطب |
| Kernanzeige, die | تصور النواة |
| Kern, der | نواة / جوهر |
| Hülle, die | غطاء |
| Bausteine, die | أحجار البناء |
| Strahlung, die | إشعاع |
| Kernenergie, die | الطاقة النووية |

## Oberstufe
### Einführungsphase 1
### المستوى المتقدم

| Mechanik, die | تقنية |
| Bewegung, die | حركة |
| Wurf, der | رمي، قذف، إلقاء |
| Masse, die | كتلة |
| Impuls, der | نبض، ذبذبة |
| Kraft, die | قوة |
| Energieträger, der | مصدر الطاقة |
| Wärmelehre, die | علم الحرارة، الديناميكا الحرارية |
| Stoß, der | صدمة |
| Rotation, die | دوران / تعاقب، تناوب، مناوبة |
| Gravitation, die | الجاذبية الأرضية |

## 12.7 Physik — الفيزياء

### Oberstufe Qualifikationsphase

|  |  |
|---|---|
| elektrisches Feld, das | المجال / الحقل الكهربائي |
| magnetisches Feld, das | المجال / الحقل المغناطيسي |
| Feldstärke, die | شدة / قوة المجال |
| Energie, die | طاقة، قدرة |
| Materie, die | مادة / مسألة |
| Beschleuniger, die | معجل، برنامج التسريع |
| Mikrofon, das | مذياع |
| Lautsprecher, der | مكبر الصوت |
| Wechselstrom, der | تيار متناوب |
| Schwingung, die | اهتزاز |
| Resonanz, die | صدى |
| Erzeugung, die | إنتاج |
| Kohärenz, die | تماسك، ترابط |
| Polarisation, die | استقطاب |
| Abstrahlung, die | إشعاع |
| Empfang, der | استقبال |
| Schicht, die | طبقة |
| Laser, der | الليزر |
| Messmethode, die | طريقة قياس |
| Anregung, die | تحفيز، تنشيط |
| Atom, das | ذرة |
| Elektronen, die | إلكترونات |
| Stochastik, die | مؤشر الستوكاستك |

# Physik

# الفيزياء

# Religion
## ديانة

| | | |
|---|---|---|
| 13.1 | Die verschiedenen Religionen | الديانات المختلفة |
| 13.2 | Die Glaubenslehre | العقيدة |
| 13.3 | Die Geistlichkeit und die Orden | رجال الدين والكهنوت |
| 13.4 | Der Kult | عبادة، تعبّد |

# 13.1 Die Religion
الدّين

### 13.1
### Die verschiedenen Religionen
الديانات المختلفة

**Nomen**
الأسماء

| | |
|---|---|
| die Religion,-en | دين، ديانة |
| der Gott,¨er | إله، ربّ |
| Gott | الله |
| die Göttin,-nen | إلهة، ربّة |
| der Abgott | صنم، وثن |
| der Götze | صنم، وثن |
| die Abgötterei | عبادة الأصنام |
| die Frömmigkeit | تقوى، ورع |
| die Gottlosigkeit | كفر |
| das Opfer,- | ضحيّة، قربان، ذبيحة |
| das Schlachtopfer | ذبيحة، ضحيّة |
| der Heide,-n | وثني |
| das Heidentum | وثنيّة |
| die Vielgötterei | شرك، تعدد الآلهة |
| die Mythologie | علم الأساطير، ميثيولوجيا |
| der Islam | الإسلام |
| der Moslem | مسلم |
| der Koran | القرآن |
| das Judentum | اليهوديّة |

## 13.1 Die Religion — الدّين

| | |
|---|---|
| der Jude,-n | يهودي |
| die Jüdin,-nen | يهوديّة |
| der Christ,-en | مسيحي |
| das Christentum | المسيحيّة، النصرانيّة |
| Jesus Christus | يسوع المسيح |
| die Christenheit | العالم المسيحي |
| der Märtyrer,- | شهيد |
| das Martyrium | استشهاد |
| der Glorienschein | هالة (من النور)، مجد |
| die Bekehrung | هدى، اعتناق، هداية |
| der Katholik,-en | كاثوليكي |
| der Katholizismus | كاثوليكيّة |
| der Protestant,-en | بروتستانتي |
| der Freidenker,- | مفكر حرّ |
| der Freimaurer,- | ماسوني، بنّاء حر |
| der Monotheismus | الإيمان بالله الواحد |

## 13.2 Die Glaubenslehre — العقيدة

### Nomen — الأسماء

| | |
|---|---|
| die Lehre | مذهب، معتقد |
| die Glaubenslehre | العقيدة |
| das Dogma,-men | العقيدة |
| die Bibel | التوراة |
| die Heilige Schrift | الكتاب المقدس |
| das Testament,-e | وصيّة |

# Die Religion — الدّين 13.2

|  |  |
|---|---|
| der Glaube | الإيمان |
| der Aberglaube | خرافة، طيرة، تطيّر، تشاؤم |
| die Zauberei | سحر، شعوذة |
| der Zauber | سحر، فتنة، روعة |
| der Zauberer,- | ساحر |
| die Hexe,-n | ساحرة |
| die Hexerei | سحر، شعوذة |
| die Glaubensfreiheit | حريّة الإعتقاد |
| das Glaubenkenntnis | إعلان الإيمان |
| der Jünger,- | تلميذ، تابع |
| der Apostel,- | رسول، حواري |
| die Vorsehung | عناية إلهيّة |
| der Messias | المسيح |
| der Schöpfer | الخالق، المبدع |
| die Schöpfung | خلق، تكوين |
| die Erschaffung | إحداث، إنشاء |
| die Allmacht | القدرة الإلهيّة |
| die Vollkommenheit | كمال، حد الكمال |
| das Geheimnis,-se | السرّ |
| der Heilige,-n | قدّيس |
| der Engel,- | ملاك |
| der Erzengel | رئيس الملائكة |
| der Schutzengel | الملاك الحارس |
| der Teufel | الشيطان |
| die Erbsünde,-n | الخطيئة الأصليّة (الموروثة) |
| die Sinflut | طوفان |
| der Erlöser | المنقذ، المخلص |
| der Heiland | المنقذ، المخلص |
| die Erlösung | الخلاص من |
| die Menschwerdung | تجسّد، تأنّس (السيد المسيح) |

## 13.2 Die Religion — الدّين

| | |
|---|---|
| die Jungfrau | السيدة العذراء |
| die Verklärung | تغيّر الوجه، تجلّي |
| das Leiden | آلام السيد المسيح |
| der Ölberg | جبل الزيتون |
| die Anbetung | عبادة |
| die Verehrung | احترام، إجلال، إكبار |
| die Anrufung | ابتهال، تضرّع، توسّل |
| der Frevel | تدنيس القدسيات |
| der Gottesraub | تدنيس القدسيات |
| die Gotteslästerung | تجديف، سبّ الدين |
| die Verwünschung | دعاء بالشّر |
| das Fasten | صوم، صيام |
| die Fastenzeit | صوم كبير |
| der Fasttag | أيام القطاعة |
| der Fleischtag | يوم مسموح فيه بأكل اللحم |
| das Sakrament,-e | سر، طقس ديني |
| die Taufe | عماد، تعميد، معموديّة |
| die Firmung (cath.) | سر التثبيت |
| die Konfirmation (prot.) | سر التثبيت |
| die Kommunion (cath.) | اتحاد في الإيمان |
| der Prophet,-en | نبي، رسول |
| die Überlieferung | عرف متناول، حديث شريف |
| die Offenbarung | وحي، ديانة منزلة |
| das Kreuz,-e | صليب |
| der Schächer,- | لص |
| der Himmel | سماء |
| das Paradies | جنّة، فردوس |
| die Hölle | الجحيم، جهنّم |
| der Auserwählte,-n | المختار، المنتخب |
| der Selige,-n | مغتبط، مؤمن |

| | |
|---|---|
| Die Religion | الدّين  13.2 |

| | |
|---|---|
| die Seligkeit | سعادة |
| die Unsterblichkeit | خلود، أبديّة |
| das Seelenheil | خلاص، سلامة |
| die Auferstehung | بعث، قيامة الأموات |
| der Gläubige,-n | مؤمن |
| der Ungläubige | كافر |
| der Ketzer,- | هرطوقي، من أهل البدع |
| der Irrglaube | هرطقة، بدعة في الدين |
| die Ketzerei | هرطقة، بدعة في الدين |
| die Hoffnung,-en | أمل |
| die Verheißung | وعد، عهد |
| das Wunder,- | أعجوبة |
| das Gebot,-e | وصية |
| das Werk,-e | عمل، صنيع |
| die Übung,-en | تمرين |
| der Nächste,-n | قريب، مجاور |
| die Buße | توبة، عقاب |
| die Sünde,-n | خطيئة، إثم، معصية |
| der Sünder,- | خاطئ، آثم |

## 13.3
### Die Geistlichkeit und die Orden
رجال الدين والكهنوت

**Nomen**
الأسماء

| | |
|---|---|
| die Geistlichkeit | رجال الدين |
| der Geistliche,-n | رجل دين، اكليروسي |
| der Papst,¨-e | البابا |

## 13.3 Die Religion — الدّين

| | |
|---|---|
| das Papstum | بابويّة |
| der Kardinal,-e | كردينال، أمير الكنيسة |
| der Erzbischof,-̈e | رئيس أساقفة، مطران |
| der Bischof | أسقف، مطران |
| die Bischofsmütze,-n | تاج أسقف |
| der Krummstab,-̈e | عصا الأسقف |
| das Bistum | أسقفيّة، مطرانيّة |
| die Diözese | أبرشيّة، أسقفيّة |
| der Jesuit,-en | يسوعيّ |
| der Einsiedler,- | ناسك، متناسك |
| die Mystik | صوفيّة، تصوّف |
| das Gelübde,-n | نذر |
| die Pfarrei | قرية يخدمها كاهن |
| das Pfarrhaus | بيت الكاهن |
| der Priester,- | كاهن، قسّ |
| der Prediger,- | واعظ، مبشّر |
| der Rabbiner,- | حاخام |
| der Orden | كهنوت |
| das Kloster,- | دير للرهبان |
| die Abtei,-en | دير |
| der Abt,-e | رئيس دير |
| der Prior,-en | رئيس دير |
| der Mönch,-e | راهب |
| die Ordenschwester,-n | راهبة |

# Die Religion — الدّين 13.4

## 13.4
## Der Kult
عبادة، تعبّد

| Nomen الأسماء | |
|---|---|
| die Kirche,-n | كنيسة |
| der Tempel,- | معبد |
| die Moschee,-n | جامع |
| die Synagoge,-n | كنيس |
| das Heiligtum,-̈er | مكان مقدّس، حرم |
| der Kult | عبادة، تعبّد |
| der Kultus | عبادة، تعبّد |
| der Gottesdienst | قداس إلهيّ |
| die Messe | قداس |
| die stille Messe | قداس صامت |
| das Hochamt,-̈er | قداس كبير |
| das Messbuch | كتاب القداس |
| das Brevier | كتاب فروض كنيسيّة |
| der Chorknabe,-n | صبيّ المذبح، خادم الكنيسة |
| der Küster,- | شمّاس، خادم الكنيسة |
| die Vesper | صلاة الغروب أو المساء |
| die Andacht | خلاص، نجاة، صلاة، دعاء |
| die Predigt | وعظ، خطبة دينيّة |
| das Gleichnis,-se | مثل (قصّة قصيرة بسيطة) |
| die Kanzel,-n | منبر |
| die Wallfahrt | حجّ، زيارة الأماكن المقدسة |
| die Pilgerfahrt | حجّ، زيارة الأماكن المقدسة |
| der Pilger,- | حاج، زائر |

## 13.4 Die Religion   الدّين

| | |
|---|---|
| Mekka | مكّة المكرّمة |
| das Messgewand,-̈e | حلّة القدّاس |
| die Albe,-n | فجر، غفارة (رداء أبيض) |
| der Chorrock | رداء أبيض واسع يلبسه الكاهن |
| der Weihrauch | بخوّر |
| das Weirauchfaß | مبخرة |
| das Weihwasser | ماء مقدس |
| der Weihwedel,- | مرشّة (الماء المقدس) |
| die Glocke,-n | جرس، ناقوس |

### Adjektive
### الصّفات

| | |
|---|---|
| heidnisch | وثني |
| jüdisch | يهودي |
| chritslich | مسيحي |
| katholisch | كاثوليكي |
| römisch | روماني |
| protestanisch | بروتستاني |
| islamisch | إسلامي |
| koranisch | قرآني |
| biblisch | توراتي |
| gläubig | مؤمن |
| ungläubig | كافر |
| leichtgläubig | سريع التصديق، ساذج |
| rechtgläubig | أرثوذكسي |
| kirchengläubig | ممارس دينه |
| abergläubig | مؤمن بالخرافة |
| fanatisch | متعصّب |
| religiös | متديّن |

# Die Religion — الدّين | 13.4

| | |
|---|---|
| weltlich | علماني |
| zeitlich | زمني |
| geistlich | روحيّ |
| allmächtig | قادر على كلّ شيء |
| unbefleckt | لا غبار عليه |
| auserwählt | مختار |
| selig | سعيد، مغتبن، طوباوي |
| verdammt | لعين، هالك، بغيض |
| sündig | خاطئ، آثم |
| reuig/reumütig | نادم، تائب |
| bußfertig | نادم، تائب |
| läßlich | مغتفر، عرضي |
| verdienstlich | مستحقّ التقدير |
| heilsam | شاف، ناجع، مفيد |
| fromm | تقي |
| gottlos | كافر |
| mystisch | صوفي |
| andächtig | متأمل |
| inbrünstig | ذو إيمان شديد |
| heilig | مقدّس |

## Verben
### الأفعال

| | |
|---|---|
| anbeten | عبد (الله) |
| anrufen | ابتهل الى، تضرّع الى |
| begehen | ارتكب، اقترف (ذنباً، جريمة) |
| beichten | اعترف بخطاياه |
| bekehren | حول من دين إلى دين آخر |
| bekennen | جهر بـ، أعلن، مارس |

## 13.4 | Die Religion — الدّين

| | |
|---|---|
| bereuen | ندم على، تاب عن |
| beten | صلّى، تضرّع، ابتهل |
| ehren | كرّم، شرّف |
| entheiligen | انتهك الحرمة |
| entweihen | انتهك الحرمة |
| erhören | أجاب إلى، استجاب |
| erlösen | حرر من، أنقذ من |
| fasten | صام |
| firmen | منح سر التثبيت |
| glauben | اعتقد، آمن |
| kommunizieren | تناول القربان المقدس |
| konfirmieren | منح سر التثبيت |
| lossprechen | غفر لـ، صفح عن |
| offenbaren | كشف، أظهر |
| opfern | ضحّى بـ، ذبح (حيوانات للألهة) |
| predigen | وعظ، ألقى موعظة |
| preisen | مجّد، عظّم |
| prophezeien | تنبأ، نطق بالوحي |
| schaffen | خلق، أنشأ |
| sündigen | ارتكب خطيئة |
| taufen | عمّد (مولوداً) |
| verehren | أجل، احترم، عظم شأن |
| vergöttern | ألّه، قدّس |
| verkörpern | جسّد، أنّس |
| weihen | كرس، نذر |

# Die Religion — الدّين 13.4

## Wendungen
## المصطلحات

mit vollem Klang läuten
رنّ مدوّياً

in die Kirche gehen
ذهب إلى الكنيسة

in die Messe gehen
ذهب إلى القدّاس

ein Opfer bringen
قدم ضحيّة

ein Kreuz schlagen
صلب على نفسه

die Hände falten
ضمّ يديه

eine Kniebeugung machen
ركع

sein Gebet verrichten
تلا صلاته

den Rosenkranz beten
سبّح

eine Prozession halten
أقام زياحاً

ein Sakrament spenden
منح الأسرار

ein Sakrament empfangen
تناول القربان

sein Gewissen erforschen
راجع نفسه

die Sünden nachlassen
غفر الخطايا

## 13.4 | Die Religion  الدّين

Buße tun
قاصص

Ablässe erteilen
سامح، تساهل

im Stande der Gnade sein
كان في حال النعمة المبررة

in den Kirchenbann tun
حرم، طرد

die Erstkommunion halten
المناولة الأولى

zum ersten Mal zum Abendmahl gehen
المناولة الأولى

die Kanzel besteigen
اعتلى المنبر

auf der Kanzel stehen
وقف على المنبر

eine Predigt halten
ألقى خطبة دينيّة

tauben Ohren predigen
ألقى موعظة على طرشان

die Gebote halten
تقيّد بالوصايا

Gelübde abgeben
نذر نذورة

in den Himmel kommen
ارتفع إلى السماء

das Jüngste Gericht
يوم الحشر

viele sind berufen, aber wenige sind auserwählt
استدعي الكثيرون واختير القليلون

# 14 Sozialkunde

دراسات اجتماعية

| | | | |
|---|---|---|---|
| 14.1 | die Heimat | مكان الولادة،الوطن |
| 14.2 | Die Regierungsform | شكل الحكومة |
| 14.3 | Die Verfassung | الدستور |
| 14.4 | Internationale Beziehungen | العلاقات الدوليّة |
| 14.5 | Wahlen | الأسماء |
| 14.6 | Frieden | السلام |
| 14.7 | Terrorismus | الإرهاب |
| 14.8 | 7. Klasse | الصف السابع |
| 14.9 | 8. Klasse | الصف الثامن |
| 14.10 | 9. Klasse | الصف التاسع |
| 14.11 | Einführungsphase | المستوى المتقدم |
| 14.12 | Qualifikationsphase | |

## 14.1 die Heimat

الوطن، مكان الولادة

| | |
|---|---|
| die Heimat | الوطن، مكان الولادة |
| das Vaterland | الوطن |
| die Vaterlandsliebe | حبّ الوطن |
| der Patriot,-en | وطنيّ |
| die Nation,-en | الأُمَّة |
| das Volk,-̈er | الشَّعب |
| das Nationalgefühl | الشعور الوطني (القومي) |
| die Volksgemeinschaft | جمعيّة شعبيّة |
| das Gebiet,-e | قطر، إقليم، أرض |
| der Gau,-e | مقاطعة، قضاء |
| der Landsmann,-leute | مواطن |
| der Volksgenosse,-n | مواطن |

## 14.1 Sozialkunde    الدّولة والحكومة

| | |
|---|---|
| der Staatsbürger,- | مواطن |
| der Mitbürger,- | مواطن |
| der Weltbürger | مواطن عالمي |
| das Weltbürgertum | مواطنة عالميّة |
| der Anschluß,-¨sse | اتصال، ارتباط، توصيل |
| die Einbürgerung | تجنّس، تجنّس |
| die Staatsangehörigkeit | تباعيّة، جنسيّة |
| der Pazifist,-en | مسالم |
| der Kriegshetzer,- | محرّض على الحرب |
| die Jugendbewegung | حركة الشباب |
| die Freiheit,-en | الحريّة |
| die Gleichheit | المساواة |

## 14.2 Die Regierungsform
شكل الحكومة

### Nomen
الأسماء

| | |
|---|---|
| die Regierung,-en | حكومة |
| die Regierungsform,-en | شكل الحكومة |
| der Staat,-en | الدولة |
| der Staatsmann,-¨er | رجل دولة |
| die Politik | سياسة |
| der Politiker,- | سياسي |
| der Herrscher,- | ملك، عاهل |
| die Gewalt,-en | القوّة، السلطة |
| die Gewaltherrschaft,-en | طغيان، ظلم |
| die Monarchie,-n | ملكيّة |

## Sozialkunde | الدّولة والحكومة | 14.2

| | |
|---|---|
| der Statthalter,- | حاكم، محافظ |
| der Fürst,-en | أمير |
| der Kurfürst | الأمير المنتخب |
| das Fürtstentum,-̈er | إمارة |
| der Herzog,-̈e | دوق |
| der Großherzog | الدوق الأكبر |
| das Herzogtum | اقطاعيّة دوق |
| der Prinzgemahl,-e | زوج الملكة |
| der Graf,-en | كونت |
| der Freiherr,-en | بارون (رتبة أعلى من فارس) |
| der Junker,- | مالك من الأشراف |
| die Krone,-n | تاج |
| die Krönung,-en | تتويج |
| der Thron | عرش |
| die Thronbesteigung | ارتقاء العرش |
| der Vorgänger,- | سلف |
| der Nachfolger,- | خلف |
| der Thronerbe,-n | وارث محتمل |
| der Hof,-̈e | بلاط |
| der Höfling,-e | من رجال البلاط |
| das Gefolge,- | حاشية، موكب |
| die Gunst | حماية، حظوة، مكانة |
| der Günstling,-e | ذو الحظوة، مقرّب |
| die Verwaltung,-en | إدارة |
| das Amt,-̈er | وظيفة، منصب |
| der Beamte | موظف |
| das Gehalt,-̈er | معاش، راتب |
| die Laufbahn | مهنة، طريق، ميدان |
| der Minister,- | وزير |
| das Ministerium,-ien | وزارة |

## 14.2 Sozialkunde — الدّولة والحكومة

|  |  |
|---|---|
| der Ministerpräsident | رئيس الوزراء |
| der Kanzler,- | مستشار |
| die Steuer,-n | ضريبة |
| der Rädelsführer,- | قائد الحركة |
| die Unruhe,-n | فوضى، اضطراب |
| der Monarch,-en | ملك، عاهل |
| der Kaiser,- | قيصر |
| das Kaiserreich,-e | امبراطوريّة، دولة |
| der König,-e | ملك |
| das Königsreich | مملكة |
| der Kronprinz,-en | وليّ العهد |
| das Herrscherhaus,¨-er | أسرة ملكيّة، سلالة مالكة |
| die Majestät,-en | عظمة، جلالة |
| der Regent,-en | وصيّ على العرش |
| die Regentschaft | وصاية على العرش |
| der Untertan,-en | تابع، محكوم |
| die Generalstände | مجلس الطبقات |
| die Republik,-en | الجمهوريّة |
| der Republikaner,- | من أنصار الجمهوريّة |
| die Demokratie | نظام حكم الشعب |
| der Freistaat | دولة حرّة |
| der Präsident,-en | رئيس |
| der Bund,-e | اتحاد |
| die Verstaatlichung,-en | تأميم |
| die Enteingnung | نزع الملكيّة، استملاك |
| die Diktatur,-en | حكم مطلق، طغيان |
| der Diktator,-en | دكتاتور، طاغية |
| der Faschismus | فاشيّة |
| das Innere | الداخل، وزارة الداخليّة |
| das Auswärtige Amt | وزارة الخارجيّة |

# Sozialkunde

der Aussenminister — وزير الخارجيّة
die Finanzen — الماليّة، الأحوال الماليّة
der Finanzminister — وزير الماليّة
das Finanzamt — مديريّة الماليّة
die Finanzierung — تمويل

## 14.3 Die Verfassung
الدستور

### Nomen
الأسماء

die Verfassung,-en — الدستور
der Verfassungsstaat — دولة دستوريّة
das Gesetz,-e — قانون
der Gesetzgeber,- — مشرّع
die Gesetzgebung — سنّ، تشريع
der Gesetzentwurf-¨e — مشروع قانون
die Verordnung,-en — مرسوم
die Notverordnung — مرسوم بقانون
die Verfügung — قرار
der Erlaß,-sse — قرار
das Recht,-e — حق، قانون، شريعة
die Volksvertretung — تمثيل الشعب
der Vertreter,- — ممثّل، وكيل
das Parlament,-e — مجلس نيابي
der Abgeordnete,-n — نائب
das Abgeordnetenhaus — مجلس النواب
der Senat,-e — مجلس الشيوخ

## 14.3 Sozialkunde — الدّولة والحكومة

| | |
|---|---|
| der Senator,-en | شيخ، عضو مجلس الشيوخ |
| die Versammlung,-en | اجتماع |
| die Sitzung,-en | جلسة |
| der Vorsitzende,-n | رئيس |
| der Sitz,-e | مقعد نيابي |
| der Schrifftführer,- | أمين المؤتمر |
| der Redner,- | متكلم، خطيب |
| die Rednerbühne,-n | منبر، منصّة |
| die Tagesordnung | جدول الأعمال |
| die Anfrage,-n | استجواب، استيضاح |
| der Zwischenruf,-e | هتاف |
| der Zwischenfall,-̈e | حادث، حادثة |
| der Sozialist,-en | اشتراكي |
| der Sozialismus | الإشتراكيّة |
| die Einigung,-en | اتفاق |
| die Verkündung,-en | إعلان، نشر |
| der Anschlag,-̈e | لصق إعلانات |
| die Verletzung | جرح، إصابة |
| der Abänderungsantrag,-̈e | تعديل، إصلاح |
| der Sturz,-̈e | سقوط |
| die Auflösung,-en | انحطاط، اختلال |
| die Wahl,-en | انتخاب |
| der Wähler,- | منتخب |
| der Wahlkreis,-e | دائرة انتخابيّة |
| der Wahlkampf,-̈e | المعركة الإنتخابيّة |
| der Wahlzettel,- | ورقة التصويت |
| der Kandidat,-en | مرشّح |
| die Abstimmung | تصويت |
| die Volksabstimmung | استفتاء عام |
| die Mehrheit,-en | أغلبيّة |

| | |
|---|---|
| die Minderheit,-en | أقليّة |
| die Stimme,-n | صوت |
| das Staatsoberhaupt | رئيس الدولة |

## 14.4 Internationale Beziehungen
العلاقات الدوليّة

| Nomen | |
|---|---|
| الأسماء | |
| der Diplomat,-en | ديبلوماسي |
| die Macht,-¨e | قدرة، مقدرة |
| die Großmacht | قوة عظمى |
| die Botschaft,-en | سفارة |
| der Botschafter,- | سفير |
| die Gesandschaft | مفوضيّة |
| der Gesandte,-n | وزير مفوّض |
| der Geschäftsträger,- | قائم بالأعمال |
| der Konsul,-n | قنصل |
| das Konsulat,-e | قنصليّة |
| das Bündnis,-se | تحالف |
| der Lebensraum | مجال حيوي |
| die Einkreisung | إحاطة، تطويق |
| der Staatsangehörige,-n | من رعايا الدولة |
| die Neutralität | الحياد |
| die Selbstständigkeit | استقلال |
| die Vereinigten Nationen | الأمم المتّحدة |

## 14.4 | Sozialkunde — الدّولة والحكومة

| Adjektive | الصّفات |
|---|---|
| vaterländisch | وطني (فضائل) |
| heimatlich | وطني |
| national | وطني |
| fremd | غريب |
| ausländisch | أجنبي |
| weltbürgerlich | مواطن عالمي |
| brüderlich | أخوي |
| einstimmig | مجمع عليه، متفق عليه |
| einig | متّحد، متفق |
| uneinig | منقسم، على خلاف |
| ergeben | مخلص، متفانٍ |
| parlamentarisch | برلماني، نيابي |
| völkisch | عنصري |
| faschisttisch | فاشيستي |
| kaiserlich | قيصري |
| königlich | ملكي |
| fürstlich | أميري، خليق بأمير |
| steuerfrei | معفى من الضرائب |
| öffentlich | عام |
| geheim | سرّي |
| volksstümlich | شعبي |
| allgemein | عام، شامل |
| besonder | خاص |
| beliebt | محبوب |
| franzosenfreundlich | محبّ لفرنسا |
| franzosenfeindlich | مبغض لفرنسا |
| politisch | سياسي |

# Sozialkunde

الدّولة والحكومة | 14.5

## 14.5 Wahlen
**الأسماء**

| Präsidentschaftswahl, die | دي برازيدانت شافتس فال | انتخابات رئاسية |
| Parlamentswahl, die | دي برلامنتس فال | انتخابات برلمانية |
| Stichwahl, die | ديشتيشفال | انتخابات إعدادية |
| Minderheit, die | دي مِنْدر هايت | أقلية |
| Stimme, die | دي شْتيمَهْ | صوت |
| wählen | فالن | ينتخب |
| Mehrheit, die | دي مار هايت | أغلبية |
| Amtszeit, die | دي أمتس تسايت | فترة الولاية |
| Wahlkommission, die | دي فال كوميسْيُون | لجنة الانتخابات |
| Fälschung, die | دي فالْشونغ | تزوير/تزييف |
| Beschwerdekommission, die | دي بَشفاردهْ كوميسيون | لجنة الشكوى |
| Beobachter, der | دِر بَ أوباختر | مراقب |
| internationale Beobachter, der | دِر إنترناتسيونالهْ بَأوباختر | مراقبون دوليون |
| Wahllokal, das | داس فال لوكال | مكان الإقتراع أو التصويت |
| Wahlrecht, das | داسفالرشت | الحق التصويت أو الإقتراع |
| Wahlkandidat, der | دِرفالكانديدات | مرشح الإنتخابات |
| Kandidat, der | دِر كانديدات | المرشح |
| Prognose, die | دي بْرُوغْنوزهْ | التوقعات |
| Parteimitglied, der | دِر برتاي مِت غلِيد | عضو الحزب |
| Registrierung, die | دي رَغِسْتريرونغ | تسجيل |

## 14.6 Frieden
**السلام**

| Verhandlung, die | دي فرهاندلونغ | تفاوض |
| entwaffnen | أنْتفافنن | نزع السلاح |

## 14.6 Sozialkunde | الغلاف الجوّي، الطّقس

|  |  |  |
|---|---|---|
| Gesandte, der | دِر غَزاندتهْ | مبعوث |
| Frieden, der | دِر فريدن | سلام |
| friedlich | فريدلِش | سلمياً |
| Versöhnung, die | دي فرزاونونغ | مصالحة |
| Zivilgesellschaft, die | دي تسيفيل غزال شافت | المجتمع المدني |
| Afghanische Rothalbmond, der | دِر أفغانشهْ روتهالب موند | الهلال الأحمر الأفغاني |
| Konflikt, der | دِر كونفليكت | صراع |
| Vereinten Nationen, die | دي فرْ أيْنتن ناتسيونن | الأمم المتحدة |
| Solidarität, die | دي زوليدا ريتايْت | تضامن |
| Selbstbestimmungsrecht, das | داس زألْبست بشتيمونغس رِشت | حق تقرير المصير |
| Waffenstillstand, der | دِر فافّن شتيلْ شتاند | هدنة |
| Ideologie, die | دي إيديولوغي | أيديولوجية |
| Front, die | دي فرونت | جبهة/واجهة |
| Boykott, der | دِر بويْ كوت | مقاطعة |
| Sonderbotschafter, der | دِر زوندر بوت شافتر | مبعوث خاص |
| Wettrüsten, das | داس فاتْ ترُوسِتن | سباق التسلح |
| Wirtschaftsembargo, das | داس فيرت شافتس إمبارغو | حصار اقتصادي |
| boykottieren | بويْ كوتيرن | يقاطع |
| Handelsembargo, das | داس هاندلس أمبارغو | حظر تجاري |
| Entwaffnung, die | دي أنت فافْنونغ | نزع السلاح |
| Streitbeilegung, die | دي شترايت بيْلاغونغ | تسوية النزاعات |

## 14.7 Terrorismus
الإرهاب

|  |  |  |
|---|---|---|
| Aufständische, der | دِر أوْف شتاندِيشهْ | متمرد |

# Sozialkunde

14.7 الغلاف الجوّي، الطّقس

|  |  |  |
|---|---|---|
| Drohne, die | دي درونّه | طائرة بدون طيار |
| Selbstmordattentäter, der | دِر زلبِست مورد أتَن تاتر | إنتحاريون |
| Guerilla, der | دِر غَريلْيَا | حرب عصابات |
| Taktik, die | دي تاكتيك | تكتيك |
| Strategie, die | ديشتراتّغي | إستراتيجية |
| Geiselnahme, die | دي غيْزل نامَهْ | إحتجاز الرهائن |
| Aufstand, der | دِر أوْف شتاند | انتفاضة/تمرد |
| Fundamentalismus, der | دِر فوندامنتاليسموس | الأصولية |
| Gehirnwäsche, die | دي غهيرن فاشهْ | غسل دماغ |
| Mohnanbau, der | دِر مون أنباو | زراعة الخشخاش |
| Armut, die | دي أرموت | فقر |
| Terrorist, der | دِر تاروريست | إرهابي |
| Straßenkampf, der | دِر شتراسَن كامبف | قتال الشوارع |
| Massaker, das | داس مَصَاكر | مذبحة |
| Schlacht, die | دي شلاخْت | معركة |
| Niederlage, die | دي نيدر لاغهْ | هزيمة |
| rebellieren | رَبَلِيرنْ | يتمرّد |
| Rebellion, die | دي ربلْيون | تمرد |
| quälen | كفالن | يعذِّب |
| Hinterhalt, der | دِر هنتر هالت | كمين |
| Erpressung, die | دي أرْبرَسُّونغ | ابتزاز |
| erpressen | أربرَسّن | يبتزّ |

| 4.8 Sozialkunde | الغلاف الجوّي، الطّقس |

## 14.8
## 7. Klasse
### الصف السابع

|  |  |
|---|---|
| Kindheit, die | الطفولة |
| Familie, die | العائلة |
| moderne Gesellschaft, die | المجتمع الحديث |
| Gruppendruck, der | ضغط المجموعة |
| Minderheiten, die | الأقليات |
| Fremdenfeindlichkeit, die | كراهية الأجانب |
| Demokratie, die | الديمقراطية |
| politische Beteiligung, die | مشاركة سياسية |
| Wahlen, die | انتخابات |
| Parteien, die | أحزاب |
| kommunale Wahl, die | انتخابات البلدية |
| Struktur, die | هيكل، بناء، بنية |
| Parlament, das | مجلس النواب |
| Jugendforum, das | منتدى الشباب |
| Institutionen, die | مؤسسات، معاهد |
| Müllvermeidung, die | منع النفايات |
| Mülltrennung, die | فصل النفايات |
| Wassergewinnung, die | إستخراج المياه |
| Wasserverbrauch, der | إستهلاك المياه |
| Umweltschutz, der | حماية البيئة |
| Ökonomie, die | الإقتصاد |
| Bedürfnisse, die | الاحتياجات |
| Werbung,m die | دعاية |
| Geld, das | نقود |
| Kredit, der | إعتماد |

| Sozialkunde | الغلاف الجوّي، الطّقس | 14.9 |

| | |
|---|---|
| Schulden, die | ديون |
| Wirtschaft, die | الإقتصاد |
| Privathaushalt, der | الأسر المعيشية الخاصة |
| Konsumverhalten, das | سلوك المستهلك |
| Kostenfaktor, der | عامل التكلفة |
| Medien, die | وسائل الإعلام |
| Freizeit, die | أوقات الفراغ |
| Zeitung, die | الصحيفة |
| Sendung, die | المهمة / الإرسالية |
| Graphik, die | رسم بياني |

## 14.9
## 8. Klasse
### الصف الثامن

| | |
|---|---|
| Jugend, die | الشباب |
| Recht, das | الحق |
| Rechtswesen, das | القانون |
| Verantwortlichkeit, die | مسؤولية |
| Jugendrecht, das | قانون الشباب |
| Gerichtsverfahren, das | محاكمة |
| Strafrecht, das | القانون الجنائي |
| Zivilrecht, das | القانون المدني |
| Menschenwürde, die | كرامة الإنسان |
| Willkür, die | تعسف، استبداد |
| Jugendkriminalität, die | `k,p hGp+he |
| ökonomische Markt, der | السوق الاقتصادية |
| verkaufen | باع |
| kaufen | اشترى |
| Angebot, das | العرض |
| Preis, der | سعر، ثمن |
| Nachfrage, die | الطلب |

## 4.9 Sozialkunde

| | |
|---|---|
| | الغلاف الجوّي، الطّقس |
| Geldfunktion, die | وظيفة المال |
| Berufsfeld, das | المجال المهني |
| Sozialstaat, der | دولة الرفاهية |
| Sicherung, die | دعم |
| Verantwortung, die | مسؤولية |
| Wahlsystem, das | النظام الإنتخابي |
| Fraktion, die | جزء، قسم، كسر |
| Koalition, die | إئتلاف، تحالف، اتحاد |
| Regierung, die | حكومة |
| Gesetzgebung, die | السلطة التشريعية |
| Bundestag, der | مجلس النواب الإتحادي |
| Bundesrat, der | المجلس الإتحادي |
| Verbände, die | جمعيات، إتحادات |

## 14.10
### 9. Klasse
### الصف التاسع

| | |
|---|---|
| Arbeitswelt, die | عالم العمل |
| Berufswahl, die | اختيار المهنة |
| Eignung, die | لياقة بدنية |
| Qualifikation, die | تأهيل، تصنيف |
| Einkommen, das | دخل، إيراد |
| Leistung, die | قوة، طاقة / إنجاز |
| Arbeitslosigkeit, die | البطالة |
| Entwicklung, die | تطور، تنمية |
| Betrieb, das | تشغيل، عملية |
| Ziele, die | أهداف |
| Aufbau, der | هيكل، ترتيب، بنية |
| Ablauf, der | إنتهاء، انتهاء صلاحية، انتهاء مدة |
| Ausbildung, die | تدريب |
| Marktwirtschaft, die | إقتصاد السوق |
| Lohn, der | إجرة |

| Sozialkunde | الغلاف الجوّي، الطّقس 14.10 |
|---|---|
| Bedingung, die | شرط |
| Absicherung, die | حماية، حفاظ |
| Tarife, die | تعرفة |
| Einkommen, das | دخل، إيراد |
| Schichtung, die | التقسيم الطبقي |
| Armut, die | الفقر |
| Reichtum, der | الغنى، الثروة |
| Pressefreiheit, die | حرية الصحافة |
| Medien, die | وسائل الإعلام |
| Friedenssicherung, die | حفظ السلام |
| Grundsätze, die | مبادئ أساسية، عقيدة |
| Gremien, die | هيئات |
| Organisation, die | منظمة، مؤسسة |
| Binnenmarkt, der | السوق الداخلي |
| Globalisierung, die | العولمة |
| Welthandel, der | التجارة العالمية |
| Weltmarkt, der | الأسواق العالمية |
| Grundwerte, die | القيم الأساسية |
| Verfassung, die | الدستور |
| Grundrechte, die | الحقوق الأساسية |
| Menschenrechte, die | حقوق الإنسان |
| Rechtsstaat, der | دولة قانون، سيادة القانون |

## 14.11 Oberstufe Einführungsphase 1
المستوى المتقدم

| Mobilität, die | قابلية للتحرك، سهولة الحركة |
|---|---|
| Milieu, das | المحيط، الوسط |
| Wandel, der | تغيير |
| Modernisierung, die | تحديث |
| Gleichberechtigung, die | المساواة |
| Beruf, der | مهنة |
| Wirtschaft, die | إقتصاد |
| Industrie, die | صناعة |

## 14.12 Oberstufe Qualifikationsphase

|  |  |
|---|---|
| Nachhaltigkeit, die | استدامة، استمرارية |
| Effekte, die | تأثيرات، آثار |
| Kosten, die | تكاليف |
| Umweltpolitik, die | السياسة البيئية |
| Energiebilanz, die | توازن الطاقة |
| Abfall, der | نفايات |
| Gemeinde, die | مجتمع، جماعة |
| Kommune, die | بلدية، دائرة البلدية |
| Landwirtschaft, die | الزراعة |
| Betriebe, die | مؤسسات / مصانع، معامل |
| Verkehr, der | المرور |
| Parteien, die | أحزاب، أطراف |
| Fraktion, die | جزء، قسم، كسر |
| Volkspartei, die | حزب الشعب |
| Willensbildung, die | صنع القرار، اتخاذ القرار |
| Partizipation, die | مشاركة |
| Strukturen, die | هيكل، بناء، بنية |
| Verfassung, die | دستور |
| Leitbild, das | نموذج، طراز |
| Wettbewerb, der | منافسة |
| Kartelle, die | التكتلات الاحتكارية |
| Arbeit, die | عمل |
| Vermögen, das | ثروة |
| Problematik, die | مسشكلة |
| Globalisierung, die | العولمة |
| Weltmarkt, der | السوق العالمي |

| Sozialkunde | الغلاف الجوّي، الطّقس |
|---|---|
| Liberalisierung, die | تحرير التجارة |
| Finanzstrom, der | تيار مالي، تدفق المال |
| Verschuldung, die | ديون |
| Konzept, das | مفهوم، تصور، فكرة |
| Außenpolitik, die | السياسة الخارجية |
| internationales Recht, das | القانون الدولي |
| Chancen, die | فرص، آفاق، توقعات، احتمالات |
| Probleme, die | مشاكل |
| Perspektive, die | منظور، وجهة نظر |
| Strategien, die | استراتيجية، علم الخطط الحربية |
| Intoleranz, die | تعصب، عدم التسامح |
| Fundamentalismus, der | أصولية |
| Wertesystem, das | نظام القيم |
| Geschlechterpolitik, die | سياسة المساواة بين الجنسين |
| Steuerung, die | سيطرة، تحكم، مراقبة |

# Der Sport
## الرّياضة

| | | |
|---|---|---|
| 15.1 | Der Sport | الرّياضة |
| 15.2 | Die Jugendbewegung, der Bergsport | تسلّق الجبال،الكشافة |
| 15.3 | Der Fußball und das Tennis | كرة القدم وكرة المضرب |
| 15.4 | Die olympischen Spiele, die Winterspiele | الألعاب الشتويّة،الألعاب الأوليمبيّة |
| 15.5 | Der Autosport und der Luftsport | رياضة السيارات والطيران |
| 15.6 | Sportliche Wendungen | المصطلحات |
| 15.7 | 5./6. Klasse | الصفالخامسوالسادس |
| 15.8 | 7./8. Klasse | الصفالسابعوالثامن |
| 15.9 | 9. Klasse | الصفالتاسع |

# 15.1 Der Sport
## الرّياضة

| Nomen | |
|---|---|
| الأسماء | |
| der Sport | الرياضة |
| die Sportarten | أنواع الرياضة |
| der Sportsmann,-leute | رياضي |
| der Berufsspieler,- | لاعب محترف |
| der Liebhaber,- | هاوٍ |
| das Sportfest,-e | احتفال رياضيّ |
| die Sportveranstaltung | اجتماع رياضي |
| der Veranstalter,- | المنظّم |
| das Abzeichen,- | شارة، شعار |
| die Stoppuhr,-en | ساعة قياس الوقت |
| das Wettspiel,-e | مباراة |
| der Wettbewerber,- | مسابقة، منافسة |
| das Training | تمرين |
| die Prüfung,-en | فحص، اختبار |
| der Schiedsrichter,- | حكم |
| der Meister,- | بطل |
| die Meisterschaft,-en | بطولة |
| die Leistung,-en | انجاز |
| die Höchstleistung | رقم قياسي |
| der Rekord,-e | رقم قياسي |
| der Pokal,-e | كأس |
| das Stadion,-ein | ملعب |
| die Tribüne,-n | مدرّج |

| 15.1 | Der Sport | الرّياضة |

| der Zuschauer,- | متفرّج |
| die Zuschauermenge | المتفرجون، الجمهور |
| die Widerstandkraft,- | مقاومة |

## 15.2 Die Jugendbewegung, der Bergsport
الكشافة، تسلّق الجبال

| Nomen |
| --- |
| الأسماء |

| das Wandern | تجوال، خرج للرياضة |
| der Ausflug,-̈e | نزهة، جولة |
| der Ausflüger,- | متنزّه |
| der Spaziergang,-̈e | نزهة، جولة |
| der Pfadfinder,- | كشاف |
| die Pfadfinderbewegung | حركة كشّافيّة |
| der Pflock,-̈e | وتد |
| der Stab,-̈e | عصا |
| die Pfeife,-n | صفّارة |
| das Zelten | أقام في خيمة |
| die Jugendherberge | بيت الشباب |
| der Rast,-en | استراحة |
| der Pfad,-e | درب، طريق ضيّق |
| der Umweg,-e | تحويلة |
| der Bergführer,- | مرشد |
| die Schutzhütte,-n | مأوى |
| der Wölfing,-e | جرو ذئب |
| die Fahrt,-en | خروج الكشافة |
| der Aufbruch,-̈e | سير، تحرّك |

# Der Sport | الرّياضة | 15.3

| | |
|---|---|
| der Rucksack,-̈e | حقيبة الظّهر |
| das Zelt,-e | خيمة |
| die Zeltbahn,-en | قماشة الخيمة |
| der Bergsport | تسلّق الجبال |
| der Bergsteiger,- | متسلّق الجبال |
| die Bergbesteigung | تسلّق الجبال |
| der Eispickel,- | معول متسلّق الجبال |
| das Seil,-e | حبل |

## 15.3 Der Fußball und das Tennis
كرة القدم وكرة المضرب

| Nomen |
|---|
| الأسماء |

| | |
|---|---|
| der Fußball,-̈e | كرة القدم |
| der Fußballplatz,-̈e | ملعب كرة القدم |
| das Feld,-er | حقل، ساحة |
| der Fußballer,- | لاعب كرة القدم |
| der Fußballspieler,- | لاعب كرة القدم |
| der Stürmer,- | مهاجم |
| der Läufer,- | دفاع أيمن / أيسر |
| der Verteidiger,- | مدافع |
| a Abgabe,-n | تمرير الكرة |
| das Gedränge | ازدحام |
| das Tor,-e | بوابة، هدف |
| der Torwart,-e | حارس المرمى |
| das Polospiel,-e | لعبة البولو |
| das Tennis | كرة المضرب |

## 15.3 | Der Sport الرّياضة

| | |
|---|---|
| der Tennisplatz | ملعب كرة المضرب |
| das Netz,-e | شبكة |
| der Tennisball | كرة |
| der Schläger,- | مضرب |
| das Tischtennis | كرة الطاولة |
| das Golfspiel | لعبة الغولف |
| das Kricketspiel | لعبة الكريكيت |
| das Krocketspiel | لعبة الكروكيت |

### 15.4 Die olympischen Spiele, die Winterspiele
الألعاب الأوليمبيّة، الألعاب الشتويّة

| Nomen الأسماء | |
|---|---|
| die Athletik,- | ألعاب رياضة خفيفة |
| der Lauf,-̈e | جري، عدو |
| der Anlauf | مسافة الاستعداد للقفز |
| der Läufer,- | عدّاء |
| der Speer,-e | حربة، رمح |
| das Speerwerfen | رمي الرّمح |
| der Diskus,- | قرص |
| die Wurfscheibe,-n | قرص |
| das Diskuswerfen | رمي القرص |
| der Gerade,-n | ضربة مباشرة |
| der Gong,-e | الجرس |
| der Gongschlag | رنّة الجرس |
| der Niederschlag | الضربة القاضية |
| der Haken | لكمة قويّة |

| | |
|---|---|
| Der Sport | الرّياضة 15.4 |

| | |
|---|---|
| das Turnen | مارس الجمباز، رياضة بدنيّة |
| der Turner,- | لاعب الجمباز |
| das Turngerät,-e | آلة الجمباز |
| das Reck,-e | الثابت |
| der Barren,- | المتوازي، المتوزيان |
| die Übung,-en | تمرين |
| die Leibesübung | الرياضة البدنيّة |
| der Radsport | رياضة ركوب الدرجات |
| der Wintersport | رياضة شتويّة |
| der Schlittschuh,-e | مزلج |
| das Schlittschuhlaufen | تزحلق على الجليد |
| der Eislauf | تزحلق على الجليد |
| der Eisläufer,- | متزحلق على الجليد |
| der Schneeschuh,-e | مزالق |
| der Ski,-er | مزلج، زلاجة |
| das Skilaufen | تزلّج |
| der Skiläufer,- | متزلّج |
| der Schlitten,- | زلاقة |
| die Schlittenfahrt | نزهة بالزلّاقة |
| der Rodel,- | زلّاجة، زحّافة |
| das Ringen | مصارعة |
| der Ringkampf | مصارعة |
| der Ringer,- | مصارع |
| der Satz,-¨e | قفزة، وثبة |
| der Sprung,-¨e | وثبة |
| der Weitsprung,-¨e | القفز البعيد |
| der Hochsprung | القفز العالي |
| der Stabhochsprung | الوثب بالزّانة |
| die Hanteln | ثقّالة، ممرنّة عضلات |
| das Boxen | الملاكمة |

## 14.5 Der Sport     الرّياضة

| | |
|---|---|
| der Boxer,- | ملاكم |
| der Schlag,-̈e | ضربة، لكمة |
| der Stoß,-̈e | ضربة، لكمة |
| das Fechten | اللعب بالشّيش |
| der Fechtgang,-̈e | انقضاض |
| das Schießen | رماية |
| das Reiten | فروسيّة |
| die Reitkunst | فروسيّة |
| das Pferderennen | سباق الخيل |
| die Wette,-n | رهان، مراهنة |
| der Wettkampf | مسابقة، مباراة |
| der Wassersport | رياضة مائيّة |
| das Schwimmen | سباحة |
| das Wettschwimmen | مباراة سباحة |
| der Schwimmer,- | سبّاح |

## 15.5 Der Autosport und der Luftsport
رياضة السيارات والطيران

| Nomen |
|---|
| الأسماء |

| | |
|---|---|
| der Autosport | رياضة السيارات |
| das Autorennen | سباق السيارات |
| der Rennfahrer,- | مسابق السيارات |
| die Rennbahn,-en | حلبة السباق |
| der Flugtag | يوم الطيران |
| die Rennstrecke,-n | طريق السباق |
| die Dauerfahrt,-en | سفر بالسيّارة مستمرّ |

# Der Sport — الرّياضة 15.5

| | |
|---|---|
| die Luftsport | رياضة الطيران |

## Adjektive — الصّفات

| | |
|---|---|
| sportlich | رياضيّ |
| olympisch | أوليمبيّ |
| eingespielt | متمرّن، متدرّب |
| regelwidrig | مخالف للقاعدة |
| ausgeschlossen | مستحيل، محال |
| überlegen | متفوّق |
| bestritten | منافَس على |
| kampfunfähig | عاجز عن الكفاح |
| siegreich | فائز |
| enthaltsam | قانع، متعفّف |
| anstrengend | مرهِق، مجهِد |
| erbittert | شديد، مرير |

## Verben — الأفعال

| | |
|---|---|
| abhärten | تمرّس |
| aufbrechen | تحرّك، ارتحل |
| aufheben | أبطل، ألغى |
| aufschlagen | نصب، خيّم |
| auslosen | اقترع على |
| auspfeifen | صفّر مستنكراً |
| ausruhen | استراح |
| besiegen | تغلّب على |
| besteigen | تسلّق، ارتقى |

## 15.5 | Der Sport — الرّياضة

| | |
|---|---|
| boxen | لاكم |
| durchwatten | عبر، اجتاز، خاض في |
| entwickeln | طوّر |
| erklettern | تسلّق، ارتقى |
| eröffnen | افتتح |
| erschüttern | هزّ، زعزع |
| ertüchtigen | قوّم البدن |
| erwidern | ردّ، بادل |
| heben | رفع، صعّد |
| kämpfen | صارع، كافح |
| niederschlagen | صرع أرضاً |
| rasten | استراح، توقف |
| ringen | صارع |
| rodeln | انزلق |
| schießen | أطلق النّار |
| schlagen | تغلّب على |
| Schlitten fahren | تزحلق |
| Schlittschuhlaufen | تزحلق على الجليد |
| schwimmen | سبح |
| sich einspielen | تدرّب |
| sich interessieren für | اهتمّ بـ |
| sich trainieren | تدرّب |
| sich üben in | تدرّب على |
| Ski laufen | تزحلق على الثّلج |
| stärken | قوّى |
| veranstalten | أقام، أجرى |
| wandern | خرج للرّياضة |
| werfen | رمى، قذف |
| zelten | أقام في خيمة |
| zujubeln | صفّق وهتف |

Der Sport | الرّياضة | 15.6

zurückschlagen — ردّ

## Wendungen 15.6
### المصطلحات

Sport treiben
مارس الرّياضة

die körperliche Ertüchtigung
التربية البدنيّة

die Köperkraft entwickeln
طوّر قوّة الجسم

von erzieherischem Wert sein
ذات قيمة تربويّة

spazieren gehen
تنزّه

spazieren reiten
تنزّه على الخيل

spazieren fahren
تنزّه بالسيّارة

sich viel Bewegung machen
قام بتمارين كثيرة

## 15.6 | Der Sport — الرّياضة

frische Luft schöpfen
استنشق الهواء

der Pfadfinder geht auf Fahrt
قام الكشاف بنزهة

das Zelt aufschlagen
نصب خيمةً

aufs Geratewohl gehen
خرج بدون هدف

einen Weg einschlagen
سلك طريقاً

in der Richtung nach
اتّجه نحو ـــــ

quer über Feld gehen
اجتاز الحقل

einen Berg besteigen
تسلّق جبلاً

im Gebirge abstürzen
سقط من الجبل

Rast machen
توّقف ليرتاح

# Der Sport   الرّياضة | 15.6

abkochen
طبخ في الهواء الطلق

den Rückweg antreten
في طريق العودة

einen Umweg machen
سلك طريقاً أطول

die olympischen Spiele
الألعاب الأوليمبيّة

den Diskus werfen
رمى القرص

die Kugel stoßen
قذف الكرة

den Speer werfen
ألقى الرّمح

im Schritt
سيراً

im Laufschritt
عدواً، ركضاً

mit einem Satz über den Graben springen
قفز فوق الحفرة

## 15.6 Der Sport

الرّياضة

den Marathonlauf gewinnen
ربح سباق المراتون

den Stab übergeben
سلّم العصا

einen Vorsprung vor jemand haben
هو متقدّم على غيره

der Sprung mit Anlauf
استعدّ للوثوب

mit geschlossenen Füssen
برجلين مضمونين

ein Gewicht stemmen
رفع الأثقال

mit ausgestreckten Armen
بذراعين ممدودين

im Ring sein
هو في الحلبة

die dritte Runde
الجولة الثالثة

zu Boden gehen
سقط الأرض

## Der Sport — الرّياضة

**einem Vorschlag ausweichen**
تفادى لكمة

**an einem Wettspiel teilnehmen**
اشترك في مباراة

**ein Wettspiel austragen**
تنافس في مباراة

**den Sieg erringen**
أحرز انتصاراً

**einen Rekord schlagen**
ضرب رقماً قياسياً

**eine Höchstleistung schlagen**
ضرب رقماً قياسياً

**einen Rekord aufstellen**
سجّل رقماً قياسياً

**den Gegner nach Punkten schlagen**
تغلّب على خصمه بالنّقاط

**mit einem Strafpunkt belegen**
أنزل عقاباً بفلان

**den Kampf abbrechen**
توّقف عن القتال (الملاكمة)

## 15.6 | Der Sport     الرّياضة

**Einspruch erheben (gegen)**
اعترض على ـــــ

**unentschieden spielen**
انتهت اللعبة بالتعادل

**Fußball spielen**
لعب كرة القدم

**den Ball stoßen**
ضرب الكرة

**den Ball abgeben**
مرّ الكرة لـ

**während der ersten Halbzeit**
خلال الشّوط الأوّل

**der Schuß aufs Tor**
الشوط على المرمى

**Ein Tor schießen**
سجّل هدفاً

**das Tor verfehlen**
أخطأ المرمى

**mit drei zu zwei Toren führen**
فاز بثلاثة أهداف لاثنين

## Der Sport     الرّياضة | 15.6

den Gegner täuschen
خدع الخصم

Tennis spielen
لعب كرة المضرب

Wer hat den Aufschlag?
من يرسل الكرة؟

die Tennismeisterschaft gewinnen
فاز في بطولة كرة المضرب

Wintersport treiben
مارس رياضة شتويّة

sich die Schlittschuhe anschnallen
ربط المزالج

Wassersport treiben
مارس رياضة مائيّة

im Takt rudern
جدّف بطريقة منتظمة

aus dem Takt kommen
خرج من الايقاع

über einen Fluß schwimmen
عبر النهر سباحة

auf dem Rücken schwimmen
سبح على ظهره

## 15.7 Der Sport — رياضة

### 15.7 5./6. Klasse
### الصف الخامس والسادس

|  |  |
|---|---|
| laufen | ركض، سار |
| gleichmäßiges Tempo, das | بسرعة ثابتة، بخطى ثابتة |
| Sprinten, das | عدو سريع |
| Fang- und Laufspiele, die | ألعاب الالتقاط و القيام بألعاب |
| Staffellaufen, das | الجري على مراحل |
| springen | قفز |
| Sprungart, die | القفز، النط |
| werfen | رمى |
| Schlagwurf, der | رمي بضربة |
| Zielwürfe, die | رمي على الهدف |
| Schlagball, der | لعبة البيسبول |
| balancieren | توازن |
| Stützen und Drehen, das | الدعم والاستدارة |
| rollen | تدحرج |
| Gleichgewicht halten, das | حفظ على التوازن |
| klatschen | صفق |
| trommeln | قرع الطبل |
| hüpfen | ارتدّ، وثب، قفز |
| galoppieren | يعدو كالفرس |
| schleichen | انسل خلسةً |
| stampfen | سار بخطى ثقيلة |
| Figuren zeichnen im Stand, die | رسم أشخاص أو أشكال في الجناح |
| rollen | دحرج |
| prellen | ضغط، شخّ |

| Der Sport | رياضة |
|---|---|
| Figuren zeichnen im Stand, die | رسم أشخاص أو أشكال في الجناح |
| rollen | دحرج |
| prellen | ضغط، شحّ |
| fangen | أمسك، التقط |
| Ballkoordination, die | تنسيق الكرة |
| Ballfertigkeiten, die | مهارات الكرة |
| Winkel, der | زاوية |
| Spielrichtung, die | اتجاه اللعبة |
| steuern | قاد، وجه |
| Spielpunkt, der | النقطة الفوز بالمباراة |
| Laufwege, die | طرق الجري/الركض |
| Lauftempo, das | سرعة الجري |
| Anlaufgestaltung, die | بداية التصميم |
| Absprungzone, die | منطقة الهبوط |
| Schrittweitsprung, der | الوثب الطويل/البعيد |
| turnen | مارس الرياضة البدنية |
| Synchronräder, die | مسننات التزامن |
| Kräfte messen, die | قياس القوة |
| Kraft wahrnehmen, die | إدراك القوة |
| Gegenkraft, die | قوة معاكسة/مضادة |
| kontrolliertes Fallen, das | هبوط مراقب |
| Bewegung koordinieren, die | تنسيق الحركة |
| Rhythmus, der | إيقاع |
| Gleichgewichtsfähigkeit, die | المقدرة على حفظ التوازن |
| Seilspringen, das | القفز على الحبل |

## 15.7 | Der Sport — رياضة

| | |
|---|---|
| Bewegen nach Musik, das | الإنتقال على النغمة الموسيقى |
| räumliche Orientierungsfähigkeit, die | المقدرة على التوجه المكاني |
| Reaktionsfähigkeit, die | سرعة الاستجابة / رد الفعل |
| Reaktionsschnelligkeit, die | القدرة على الاستجابة |
| motorische Aufgaben, die | المهام الحركية |
| Zonenspringen, das | منطقة القفز |
| Ausdauer, die | احتمال، تحمل |
| Sprinten, das | العدو السريع |
| Aufspringen, das | القفز صعوداً |
| Überspringen, das | انتقل القفز |
| Hochsprung, der | قفزة عالية |

## 15.8 7./ 8. Klasse
### الصف السابع والثامن

| | |
|---|---|
| klettern | تسلق |
| schwingen | تأرجح |
| fliegen | طار |
| drehen | دار |
| Stange, die | قضيب، عصا |
| Seil, der | حبل |
| Wand, die | جدار |
| Gitterleiter, die | سلم السياج |
| Barren, der | قضبان، أشرطة |
| Reck, das | قضيب ثابت |
| Ringe, die | خواتم، حلقات |
| Hängebrücke, die | جسر معلق |
| Balken, der | عارضو خشبية |
| Hindernisse, die | عقبات |

# Der Sport     رياضة | 15.8

| | |
|---|---|
| Belastung einschätzen, die | تقدير الحمولة، تقييم الثقل |
| Atem, der | تنفس |
| Puls, der | نبض |
| schwitzen | عرق، تعرق |
| Erschöpfung, die | إعياء، إنهاك |
| Anforderung, die | مطلب، اشتراط |
| Bewegung, die | حركة |
| Gelände, das | أرض، تضاريس |
| turnen | عمل الجمباز |
| Kasten, der | صندوق |
| Gerätebahn, die | معدات السكك الحديدية |
| Tanzformen, die | أنواع الرقص |
| Schritte, die | خطوات |
| drehen | دار، انعطف |
| erproben | اختبر، جرب |
| Orientierung, die | اتجاه، توجيه |
| Visualisierung, die | تصور |
| Steuerung, die | قيادة، تحكم |

## 15.9 - 9. Klasse   الصف التاسع

| | |
|---|---|
| schwimmen | سبح |
| Wassergefühl, das | الشعور بالماء |
| Rückenschwimmen, das | سبح على ظهره |
| Brustschwimmen, das | سبح على صدره |
| Ausdauer, die | احتمال، تحمل |
| Flossen, die | زعانف |
| Brett, das | لوح خشبي |
| Tragfähigkeit, die | قدرة على التحميل |
| Gleiten, das | انزلاق |
| Antreiben von Wasser, das | مجرى المياه، توصيل المياه |
| Radfahren, das | ركوب الدراجة |
| Hindernis, das | عائق |

# Literatur und Wissenschaft
## الأدب والعلوم

| | | |
|---|---|---|
| **16.1** | Die Sprachlehre | قواعد اللّغة |
| **16.2** | 5. Klasse | الصف الخامس |
| **16.3** | 6. Klasse | الصف السادس |
| **16.4** | 7. Klasse | الصف السابع |
| **16.5** | 8. Klasse | الصف الثامن |
| **16.6** | 9. Klasse | الصف التاسع |
| **16.7** | Deutsch GK | اللغة الألمانية – دورة المبتدئين |
| **16.8** | Oberstufe | المستوى المتقدم |

# 16.1 Die Sprachlehre
قواعد اللّغة

| Nomen | |
|---|---|
| الأسماء | |
| die Sprachkunde | فقه اللغة |
| die Sprachlehre | قواعد اللغة، النّحو |
| die Sprache,-n | لغة |
| die Mundart,-en | لهجة |
| die Lautlehre | الصّوتيات |
| die Ableitung,-en | اشتقاق |
| der Stamm,-̈e | جذع |
| die Wurzel,-n | جذر |
| die Vorsilbe,-n | سابقة |
| die Nachsilbe | لاحقة |
| der Umlaut | حرف صوتي معدّل |
| der Wohlklang,-̈e | تناغم (الفاظ) |
| das Hauptwort,-̈er | اسم |
| der Eigenname,-n | اسم علم |
| der Personenname | اسم شخص |
| der Sammelname | اسم جامع |
| das Fürwort | ضمير |
| das Beiwort | صفة |
| das Eigenschaftswort | صفة |
| das Zeitwort | فعل |
| das Umstandswort | ظرف |
| die Tätigkeitsform | مبني للمعلوم |
| die Leideform | مبني للمجهول |

## 16.1 Die Sprachlehre      قواعد اللّغة

| | |
|---|---|
| das Hilfszeitwort | فعل مساعد |
| die Zeitform | زمن الفعل |
| die Gegenwart | المضارع |
| die Vergangenheit | الماضي |
| die Vorgegenwart | الماضي التّام |
| die Zukunft | المستقبل |
| die Aussageweise,-n | صيغة الفعل |
| die Verneinung | النفي |
| der Satz,-¨e | جملة |
| das Satzgefüge | جملة، جملة مركّبة |
| der Hauptsatz, | جملة رئيسيّة |
| der Nebensatz | جملة ثانويّة |
| der Relativsatz | جملة موصولة |
| das Prädikat,-e | خبر |
| das Satzzeichen,- | علامة الترقيم |
| der Punkt,-e | نقطة |
| der Doppelpunkt | نقطتان |
| der Strichpunkt | الفصلة المنقوطة |
| der Beistrich,-e | فاصلة، فصلة |
| das Komma,-s | فاصلة، فصلة |
| das Fragezeichen | علامة استفهام |
| die Beugung | الإعراب |
| die Abwandlung | تصريف الفعل |
| die Einzahl | صيغة المفرد |
| die Mehrzahl | صيغة الجمع |
| die Endung | نهاية الكلمة |
| das Geschlecht | جنس |
| der Fall,-¨e | حالة إعراب |
| der Werfall | حالة الرّفع |
| der Wenfall | حالة النّصب |

# Die Sprachlehre  قواعد اللّغة  16.1

| | |
|---|---|
| der Wemfall | حالة الجر (بالحرف) |
| der Wesfall | حالة المضاف إليه |
| die Grundstufe | الصفة الأساسيّة |
| die Höherstufe | أفعل التفضيل |
| die Höchststufe | الأفعل |
| die Satzlehre | علم الإعراب والنحو |
| die Satzaussage | خبر الجملة |
| der Beisatz | تابع، بدل |
| die Ergänzung,-en | تتمّة |
| die Wortstellung | تركيب الجملة |
| die Ethmologie | علم الاشتقاق |
| der Wortschatz | مفردات اللّغة |
| die Entlehnung | اقتباس |
| der Satzgegenstand,-̈e | المسند إليه |
| die Person,-en | شخص |
| das Ausrufszeichen | علامة تعجّب |

## Adjektive
### الصّفات

| | |
|---|---|
| grammatisch | نحويّاً، قواعدي |
| vergleichend | مقارن |
| lateinisch | لاتيني |
| griechisch | يوناني |
| zusammengesetzt | مركّب |
| abgeleitet | مشتق من |
| biegungsfähig | معرب، يعرب |
| unveränderlich | ثابت، لا يتغيّر |
| bestimmt | معرّف |
| unbestimmt | نكرة |

# 16.2 Die Sprachlehre / قواعد اللّغة

## 16.2 5. Klasse / الصف الخامس

|  |  |
|---|---|
| Gespräche führen | أجرى محادثات |
| sich aktiv beteiligen | اشترك بشكل فعال |
| verständlich formulieren | صاغ الكلام بشكل مفهوم |
| zuhören | أصغى إلى، استمع |
| Gesprächsregeln formulieren | صاغ قواعد النقاش / المحادثة |
| informieren | أعلم، أخبر، بلّغ عن |
| Informationen erfragen | طلب معلومات |
| Auskunft erteilen | أعطى معلومات |
| Texte markieren | وضع إشارة على الكلمة |
| Stichwortzettel anlegen | وضع قائمة بالمعلومات الرئيسية |
| nachvollziehbar beschreiben | وصف بشكل جداً مفهوم |
| diskutieren und argumentieren | ناقش وأدلى بحجج |
| Verhaltensregeln, die | قواعد التصرف / السلوك |
| eigenen Standpunkt finden | أوجد موقفه الخاص |
| mündliches und schriftliches Erzählen | سرد قصة شفوياً وتحريرياً |
| Ausgestaltung eines Erzählkerns, die | تصميم نواة السرد |
| lesen | قرأ |
| Auswendiglernen, das | الحفظ عن ظهر قلب |
| Aufnehmen von Texten, das | تسجيل النصوص |
| flüssiges Lesen, das | القراءة بطلاقة |
| Artikulation, die | تلفظ، نطق، إخراج الصوت |
| Lesetempo, das | سرعة القراءة |
| Betonung, die | التأكيد / التشديد على |
| Blickkontakt, der | الاتصال بالعينين |
| Lesetechnik, die | تقنية القراءة |

# Die Sprachlehre     قواعد اللّغة | 16.2

|  |  |
|---|---|
| Texte erschließen. die | النصوص المفتوحة |
| Höhepunkt, der | ذروة، قمة |
| Märchen, das | خرافة، أسطورة |
| Kinderbuch, das | كتاب الطفل |
| Gedichte, die | قصائد |
| Wortschatz, der | المفردات |
| Wortbildung, die | تشكيل الكلمة |
| Wortfamilie, die | كلمة عائلة |
| Wortfelder, die | حقول الكلمة |
| Wortarten, die | أنواع الكلمة، الكلام |
| Erarbeitung, die | تنمية |
| Strukturierung, die | تنظيم، ترتيب، بناء |
| Substantive, die | الأسماء |
| Artikel | أدوات (أدوات التعريف والتنكير) |
| Satzglieder, die | عناصر الجملة |
| Wortbau, der | بناء الكلمة |
| Rechtschreibung, die | ضبط الكتابة، أصول الكتابة |
| Wörter zerlegen, die | تفكيك الكلمات |
| Vosilbe, die | سابقة |
| Stamm, der | جذر الفعل |
| Endung, die | نهاية |
| Rechtschreibung, die | ضبط الكتابة، أصول الكتابة |
| Fehlerarten, die | أنواع الأخطاء |
| Ursachen, die | أسباب |
| Lerntechniken, die | تقنيات التعليم |
| begründet argumentieren | جادل بحجج |
| nachfragen | استعلم، استفهم |

## 16.3 Die Sprachlehre — قواعد اللّغة

**16.3**
**6. Klasse**
الصف السادس

|  |  |
|---|---|
| Gesprächskompetenz, die | مهارات المحادثة |
| sprechen | تكلم |
| schreiben | كتب |
| berichten | كتب تقريراً |
| informieren | أعلم، أبلغ، أطلع |
| Personenbeschreibung, die | وصف الأشخاص |
| diskutieren | ناقش، جادل |
| argumentieren | برهن على، بيّن / استخلص |
| Anregung, die | إيعاز، تلقين، إيحاء، إقتراح |
| Aufforderung, die | مطالبة |
| Beratung, die | تشاور |
| Überzeugung, die | إقتناع، الإعتقاد بأن |
| Überredung, die | إقناع |
| frei sprechen | تحدث بحرية |
| Meinung begründen, die | برر رأيه |
| nacherzählen | روى ثانيةً |
| Leseförderung, die | الترقي في القراءة |
| Buchvorstellung, die | عرض كتاب |
| Bedeutung ermitteln, die | تحديد المعنى، جحدد الأهمية |
| Erwartungen formulieren, die | صاغ التوقعات |
| Umgang mit literarischen Texten | التعامل مع النصوص الأدبية |
| Wortschatz erweitern | توسيع المعلومات |
| sprachlicher Ausdruck, der | التعبير اللغوي |
| Alltagssprache, die | اللغة اليومية |
| Redensarten, die | أقوال مأثورة |
| MindMap, das | خريطة ذهنية |
| Arbeit am Computer, die | العمل على الحاسوب |
| Wiederholung, die | إعادة، تكرار |

## 16.4 — 7. Klasse
## الصف السابع

| | |
|---|---|
| Aussagen einordnen, die | تصنيف البيانات |
| Gesprächsverlauf überblicken | التغاضي عن سير الحديث |
| Informationen verarbeiten | معالجة المعلومات |
| zusammenfassen | لخّص |
| wiedergeben | أعاد إنتاجه، نسخ |
| Inhaltsangabe machen | لخّص، قام بتلخيص |
| Handlungsverlauf zusammenfassen | لخص قصةً |
| frei reden | تكلم بحرية |
| Lesetechniken | تقنية القراءة |
| Gedichte, die | قصائد |
| Balladen, die | قصيدة قصصية (صالحة للغناء) |
| informierende Texte, die | نصوص إعلامية |
| Aufbau erkennen | التعرف على البنية |
| Grammatik | القواعد |
| (siehe Grammatik: Verben,...) | ( ... انظر القواعد: الأفعال) |
| Wiederholung, die | إعادة، تكرار |
| Vertiefung, die | تعمق |
| logische Zusammenhänge erstellen | إيجاد علاقات منطقية |
| Konjunktionen richtig verwenden | الإستعمال الصحيح لحروف العطف والربط |
| Satzarten, die | أنواع الجمل |
| Hauptsatz, der | جملة رئيسية |
| Gliedsatz, der | جملة ثانوية |
| Modalität, die | كيفية / نوع، طبيعة |
| Selbstkorrektur, die | تصحيح ذاتي |
| Fehlerarten, die | أنواع الأخطاء |
| Komma, das | فاصلة |
| Zeichensetzung, die | علامات الترقيم |

## 16.5 Die Sprachlehr — قواعد اللّغة

| 16.5 8. Klasse — الصف الثامن | |
|---|---|
| Gespräche führen | أجرى محادثات |
| komplexe Themen | مواضيع معقدة |
| Kritik üben | انتقد |
| Kritik vertragen | تقبل الإنتقاد |
| Impulse geben | أعطى دفعة |
| Lebenslauf schreiben | كتب سيرته الذاتية |
| Präsentation eines Profils | عرض صورة جانبية |
| Arbeit mit Tabelle | عمل مع جدول |
| Checkliste erstellen | أنشأ قائمة المراجعة |
| Umgang mit literarischen Texten | التعامل مع نصوص أدبية |
| (siehe: Novelle, Erzählung, Aufbau, Erzählweise,...) | انظر: روايات، حكايات، بنية، سرد،) (...قصائد |
| Gedichte, die | قصائد |
| aktiver Wortschatz, der | مفردات إيجابية |
| passiver Wortschatz, der | مفردات سلبية |
| Definition, die | تعريف، تحديد |
| Fremdwörter, die | كلمات أجنبية |
| Modalverben, die | الأفعال الواصفة للحال |
| Absichten verdeutlichen, die | توضيح النوايا |
| Texterschließung, die | فهرست النص |
| Verfahrensweise einsetzen | إجراء منهاج الاستخدام |

Die Sprachlehr — قواعد اللّغة

## 16.7
## 9. Klasse
## الصف التاسع

|  |  |
|---|---|
| Referat | محاضرة |
| Stichwortzettel vortragen lernen | تعلم قراءة قائمة الكلمات الرئيسية |
| zitieren | استحضر، استشهد بكلام غيره |
| ordnen | نظم، رتب |
| sichten | نظر، شاهد |
| Interpretation, die | تفسير |
| sprachliche Struktur, die | بنية لغوية |
| Schreibverfahren, das | طريقة / أسلوب الكتابة |
| Lesetechnik | تقنية القراءة |
| Fragen zu Texten beantworten | أجاب على أسئلة النص |
| Thesenpapier erstellen | أنشأ ورقاً للأطروحات |
| Fazit ziehen | استخلص النتائج |
| eigene Meinung formulieren | صاغ رأيه الخاص |
| Kommunikationsmittel, das | وسائل الاتصال |
| Modelle erklären | شرح الطرازات |
| Nachrichtentext, der | نص الرسالة، نص الأخبار |
| Merkmale, die | ميزات |
| Strategien untersuchen, die | استطلاع الإستراتيجية |
| vor einer Gruppe präsentieren | العرض أمام مجموعة |

## 16.8
## Deutsch GK
**اللغة الألمانية – دورة المبتدئين**

|  |  |
|---|---|
| Identitätsfindung, die | اتخاذ الهوية |
| Sozialisation, die | التنشئة الاجتماعية |
| Erziehung, die | تربية، تعليم |
| Leben in Gruppe zwischen Geborgenheit und Zwängen, das | العيش كمجموعة بين الأمن والقيود |
| Generationsprobleme, die | مشاكل الأجيال |
| Liebe, die | الحب |
| Liebesauffassung, die | الرأي في الحب |
| Selbstfindung, die | اكتشاف الذات |
| Trennung, die | فصل، إنفصال |
| Trauer, die | الحزن |
| Rollenbilder, die | نماذج عن السلوك / التصرف |
| Vorurteile, die | أحكام مسبقة |
| Nähe, die | قرب |
| Ferne, die | بعد |
| Begegnungen, die | لقاءات |
| Lebensentwürfe, die | خطط الحياة |
| Individuelle Daseinsform, die | شكل فردي للوجود |
| Identität, die | هوية |
| Menschenbilder, die | صور للأشخاص |
| verschiedene Kulturkreise, die | مجموعات ثقافية مختلفة |
| menschliche Existenz, die | وجود الإنسان |
| Lebensphase, die | مرحلة الحياة |

# Die Sprachlehre — قواعد اللّغة 16.8

| | |
|---|---|
| Rolle der Familie, die | دور العائلة |
| Krisen des Ich, die | أزمات الأنا |
| Scheitern, das | الفشل |
| Lebenspläne, die | خطط الحياة |
| Selbstentfremdung, die | شرود / سهو ذاتي |
| Unbehagen an der Kultur, das | القلق في الثقافة |
| Krise als Chance, die | الأزمة كفرصة |
| Extremsituation, die | حالة متطرفة |
| Helden, die | أبطال |
| Antihelden, die | ضد الأبطال |
| Heldensage, die | ملحمة الأبطال |
| Heldenlied, das | أغنية الأبطال |
| Glück, das | سعادة، حظ |
| Glücksauffasung, die | سعادة |
| Entgrenzung, die | تحديد، قيد |
| Glücksversprechen, das | وعد السعادة |
| Symbole, die | رموز |
| Enttäuschung, die | خيبة أمل |
| Krisen, die | أزمات |

# 16.9 Die Sprachlehre — قواعد اللّغة

## 16.9 Qualifikationsphase- Oberstufe
### المستوى المتقدم

|  |  |
|---|---|
| Staat, der | دولة |
| Revolution, die | ثورة |
| Staatsidee, die | فكرة الدولة |
| Gerechtigkeit, die | عدل، صلاح، استقامة، صواب |
| Widerstandsrecht, das | حق المقاومة |
| Individuum, das | الفرد |
| Gesellschaft, die | المجتمع |
| Toleranz, die | تسامح |
| Bildungskonzepte, die | مفاهيم التعليم |
| Humanität, die | الإنسانية |
| Sprache, die | لغة |
| Bildung, die | تعليم |
| Wirklichkeit, die | الواقع |
| Phantasie, die | خيال، تصوّر |
| Märchen, das | أسطورة، قصة خيالية، خرافة |
| Mythen, die | أساطير، خرافات |
| Unbewusste, das | اللاوعي، اللاشعور |
| Menschenbilder, die | صور أشخاص |
| Gesellschaftsbilder, die | صور مجتمعات |
| Mensch, der | الإنسان، الرجل |
| Machine, die | آلة، جهاز |
| Natur, die | الطبيعة |
| Kunst, die | الفن |
| Naturbilder, die | صور الطبيعة |
| Wirkung der Klassik, die | تأثير الموسيقى الكلاسيكية |
| Romantik, die | رومانسي |
| utopisches Potenzial, das | إمكانيات / احتمالات خيالية |

# Die Sprachlehre — قواعد اللّغة

|  |  |
|---|---|
| Leben in der Gesellschaft, das | الحياة في المجتمع |
| Aufbruch, der | انطلاق، خروج |
| Resignation, die | استسلام |
| Sprache und Wirklichkeit, die | اللغة والواقع |
| realistische Literatur, die | أدب واقعي |
| Beziehung zwischen Mann und Frau, die | العلاقة بين الرجل والمرأة |
| Rollenerwartung, die | توقع / أمل الدور |
| Frauenbilder, die | صور المرأة |
| Familie, die | الأسرة، العائلة |
| schreibende Frauen, die | نساء تكتبن |
| Gegenentwürfe, die | تصاميم عكسية |
| weibliche Sozialisation, die | التنشئة الاجتماعية النسائية |
| Sprache des Films, die | لغة الفيلم |
| filmische Umsetzung, die | عرض سينمائي |
| Welt im Umbruch, die | عالم آخذ في التغير |
| Grenzüberschreitung, die | عبور الحدود |
| Entgrenzung, die | إنهاء، إنحلال |
| psychische Grenzen, die | الحدود العقلية |
| soziale Grenzen, die | الحدود الإجتماعية |
| innere Emigration, die | الهجرة الداخلية |
| Frieden, der | السلام |
| Krieg, der | الحرب |
| Fehlerarten, die | أنواع الأخطاء |

## 16.9 Die Sprachlehre — قواعد اللّغة

|  |  |
|---|---|
| Konzepte, die | مفاهيم |
| Ursachen, die | أسباب |
| Darstellung, die | رأي، وجهة نظر / تمثيل، عرض |
| Folgen, die | نتائج، عواقب |
| Zugriffe, die | الوصول إلى، مدخل، استلام |
| Chancen und Gefahren, die | الفرص والتهديدات / الأخطار |
| Humanisierung, die | إضفاء الصبغة الإنسانية |
| Verantwortung, die | مسولية |
| Mensch, der | الإنسان، الرجل |
| Stadt, die | مدينة |
| Erfahrungen, die | خبرات، تجارب |
| Künstlerproblematik, die | مشكلة الفنانين |
| Arbeitsbedingung, die | شروط العمل |
| poetische Zugriffe, die | الفعالية الشعرية |
| Spiel mit Sprache, das | اللعب مع اللغة |
| Bilder, die | صور |
| Formen, die | نماذج، أشكال |
| Gefährdung, die | مخاطر |
| Wirkung und Literatur, die | التأثير والأدب |
| Literatur in der Gesellschaft, die | الأدب في المجتمع |
| Instanzen, die | عريضة، طلب، التماس / جهة قضائية |
| Buchhandel, der | تجارة الكتب |
| Fehlerarten, die | أنواع الأخطاء |

## Die Sprachlehre — قواعد اللّغة

| | |
|---|---|
| Verlagswesen, das | نشر، إصدار، دار النشر |
| Literaturpreise, die | جوائز أدبية |
| Rezeptur, die | صيغة، صياغة |
| Bestseller, die | الكتب الأكثر مبيعاً |
| Funktion von Literatur, die | مهمة / وظيفة الأدب |
| Medien, die | وسائل الإعلام |
| Produktion, die | نتاج، إنتاج |
| Publikation, die | منشور |
| Rezeption, die | استقبال، خدمات الاستقبال |
| Wirkung von Fernsehen, die | تأثير التلفيزيون |
| Film, der | فيلم |
| Wahrnehmung, die | تصور، إعتقاد، شعور |
| Verhältnis, das | علاقة، نسبة |
| Macht der Bilder, die | تأثير الصور، قوة الصور |
| Virtualität, die | واقعية، فعاليّة |
| Phantasie, die | خيال، تصوّر |
| Textanalyse, die | تحليل النص |
| Texterörterung, die | مناقشة النص |
| Textinterpretation, die | تفسير النص |
| Protokoll, das | بروتوكول، تشريفات، مضبطة |
| Referat, das | محاضرة |

# 17 Elektronische Datenverarbeitung

معلوماتية

|  |  |
|---|---|
| Akku, der | شاحن |
| Am Copmuter arbeiten | العمل على الحاسوب |
| anhand von | بناءً على |
| App, die | برنامج محمول قائم بذاته لتحقيق غرض معين |
| Arbeitsspeicher, der | الذاكرة الرئيسية |
| Ausschalten, das | إطفاء |
| ausschneiden | قطع |
| Benutzerkonto, das | حساب المستخدم |
| Betriebssystem, das | نظام التشغيل |
| Bildschirm, der | شاشة |
| Bildschrim, der | الشاشة |
| Blutooth-Headset, das | سماعة بلوتوث |
| Browser, der | متصفح، مستعرض |
| CD-ROM, die | قرص مضغوط يستخدم كجهاز ذاكرة بميزة القراءة من النظام الحاسوب فقط |
| CD/DVD-Laufwerk, das | محرك الأقراص: القرص المضغوط و ديفيدي |
| Computergehäuse, das | محفظة الحاسوب |
| Computerkenntnis, die | علم الحاسوب |
| Datei ausdrucken, eine | طبع ملفاً |
| Datei öffnen, eine | فتح ملفاً |
| Datei, die | ملف |
| Daten, die | معطيات، بيانات |
| Datenspeicher, der | تخزين البيانات |
| den Rechner herunterfahren | إيقاف تشغيل الكمبيوتر |
| den Rechner hochfahren | تشغيل الحاسوب |
| Desktop-Coputer, der | حاسوب المكتب |
| Desktop-Coputer, der | حاسوب المكتب |
| Download, der | تحميل، تنزيل |

Elektronische Datenverarbeitung | معلوماتية

|  |  |
|---|---|
| Download, der | تحميل، تنزيل |
| Drucker, der | طابعة |
| DVD auswerfen, eine | إخراج نوع من القرص المضغوط قادر على تخزين كميات كبيرة من البيانات، وخاصة عالية الدقة من المواد السمعية والبصرية. |
| E-Book-Reader, der | قارئ الكتاب الاليكتروني |
| E-Mail-Adresse, die | عنوان البريد الإلكتروني |
| editieren | حرر، أصدر |
| ein Fenster minimieren | تصغير النافذة |
| ein Programm installieren | وضع برنامجاً، ثبّت برنامجاً |
| Ein/Aus-Schalter, der | مفتاح التشغيل والإطفاء |
| eine Datei verschieben | نقل ملفاً |
| eine Mail weiterleiten | إعادة إرسال البريد |
| eine Sicherungskopie erstellen | أنشأ نسخة احتياطية |
| einfügen | أدخل |
| Eingabetaste, die | مفتاح الإدخال |
| eingeben | أدخل، أدرج |
| Einschalten, das | تشغيل |
| Einstellungen, die | ضبط، تسوية |
| Feststelltaste, die | مفتاح الإقفال |
| Flatrate, die | السعر الموحد |
| Fortschrittsbalken, der | حزمة التقدم، شريط التقدم |
| Funkloch, das | افتتاح المذياع |
| Guthaben, das | إئتمان، رصيد |
| Handy, das | هاتف منقول |
| Handytasche, die | محفظة الهاتف المنقول |
| Hardware, die | معدات، خردوات |
| im internet surfen | تصفح الإنترنت |
| Installation, die | تركيب، تنصيب |
| Installieren, das | تركيب، تنصيب |
| Internet Das | الإنترنت |

## 17 | Elektronische Datenverarbeitung | معلوماتية

| | |
|---|---|
| klicken | أنقر، ضغط |
| Klingelton, der | نغمة، رنّة |
| Konfiguration, die | ترتيب العناصر بشكل معين |
| kopieren | نسخ |
| LAN-Kabel, das | شريط شبكة المنطقة المحلية |
| Laptop, der | حاسوب منقول يستخدم في السفر |
| Laptop, der/das | حاسوب محمول يستخدم في السفر |
| Laptoptasche, die | حقيبة الحاسوب المحمول |
| Laserdrucker, der | الليزر |
| Lautsprecher, der | مكبر الصوت |
| Lautstärkeregler, der | التحكم في الصوت، التحكم بقوة الصوت |
| Leertaste, die | مفتاح المسافات الفارغة |
| Lesezeichen, das | إشارة المرجعية |
| löschen | محى، أزال |
| löschen | أزال، محى |
| markieren | وضع علامة، وضع إشارة |
| Markieren, das | وضع علامة، وضع إشارة |
| Mauspad, das | لوحة اللفأرة |
| Mauszeiger, der | الفارة |
| Mobile Endgeräte | أجهزة محمولة، أجهزة جوالة |
| MP3-Player, der | جهاز ملفات MP3 أو غيرها من الملفات الصوتية الرقمية. |
| Nachricht, die | خبر، رسالة |
| Neustart, der | إعادة التشغيل |
| Online-Einkauf, der | التسوق عبر الانترنت |
| Ordner, der | مصنف |
| Postausgang, der | البريد الصادر |
| Posteingang, der | البريد الوارد |

# Elektronische Datenverarbeitung — معلوماتية

|  |  |
|---|---|
| Prepaidkarte, die | بطاقة الدفع المسبق |
| Programm, das | برنامج |
| Programmieren, das | برمجة |
| Propierkorb, der | سلة المهملات |
| Prozessor, der | معالج |
| Rechner und Personal Computer | الحاسوب |
| Rechner, der | حاسوب |
| Router, der | موجّه، جهاز التوجيه |
| rückgängig machen | أزال، ألغى، أبطل |
| Rücklöschtaste, die | مفتاح إعادة الدورة |
| Sanduhr, die | ساعة رملية |
| Scanner, der | ماسح ضوئي |
| Schriftart, die | نوع الخط، نوع الطباعة |
| Scrollbalken, der | حزمة ورق ملفوف |
| scrollen | تصفّح |
| Scrollrad, das | لفافة ورق للكتابة أو الرسم |
| senden | أرسل، بعث |
| sich ausloggen | سجل خروج |
| SIM-Karte, die | بطاقة ذكية داخل الهاتف الخليوي، ويحمل رقم هوية مالك، وتخزي نا البيانات الشخصية |
| Smartphone, das | الهاتف الذكي |
| SMS, die | رسالة قصيرة |
| Social Media, die | وسائل الاعلام الاجتماعية |
| Software, die | برنامج العقل الإلكتروني، مواد للإستخدام |
| Spammail, die | البريد غير المرغوب فيه |
| Speicher, der | ذاكرة، مخزّن |
| speichern | خزّن |
| Steuerungstaste, die | مفتاح التحكم |